读桥

DU QIAO

陈宝春 郑振飞 著

人民交通出版社
北京

内 容 提 要

本书是两位桥梁专业教授合著的有关桥梁文化的文学作品。作者以独特的视角、读书的态度、优美的文笔，抒发了一对师生、两代桥梁人的"读桥"感悟。内容包括"海外读桥""诗与桥梁""地方桥梁赏读"三大版块20篇文章及1篇自序。

本书可供桥梁专业科技工作者和高等学校、中等专业学校学生参考，亦可供热爱桥梁的人士以及广大青少年阅读。

图书在版编目（CIP）数据

读桥／陈宝春，郑振飞著．— 北京：人民交通出版社股份有限公司，2025．1．— ISBN 978-7-114-18694-3

Ⅰ．U448-49

中国国家版本馆CIP数据核字第2025N1553Q号

书　　名：读桥
著　作　者：陈宝春　郑振飞
责任编辑：李　瑞　杜希铭
责任校对：赵媛媛　刘　璇
责任印制：张　凯
出版发行：人民交通出版社
地　　址：(100011)北京市朝阳区安定门外外馆斜街3号
网　　址：http://www.ccpcl.com.cn
销售电话：(010)85285911
总 经 销：人民交通出版社发行部
经　　销：各地新华书店
印　　刷：北京印匠彩色印刷有限公司
开　　本：720×960　1/16
印　　张：14.75
字　　数：210千
版　　次：2025年1月　第1版
印　　次：2025年1月　第1次印刷
书　　号：ISBN 978-7-114-18694-3
定　　价：79.00元

(有印刷、装订质量问题的图书，由本社负责调换)

读桥，读懂桥（自序）

一 董桥不是桥

十几年前，我还有订阅报纸的习惯。某日浏览所订报纸，被一个题目所吸引，"你应该读董桥"，确切地说是被题目中的"桥"字所吸引。几十年从事桥梁工程的教学、科研与工程实践，对"桥"字特别敏感。细读之下，才知道此桥不是彼桥，文章说的"董桥"是一个人。

董桥1942年出生在福建晋江，1岁去了印度尼西亚，之后就读于台湾成功大学，毕业后到了香港，担任过多年《明报月刊》总编辑，擅长写随笔与时论，但他最主要的作品是散文。他出版了多部散文集，如《双城杂笔》《另外一种心情》《这一代的事》《跟中国的梦赛跑》《辩证法的黄昏》等。

对于董桥的文章，读者褒贬不一。喜欢的，认为他的文章形成了独特的风格，即所谓"董桥风格"，题材广泛，行文飘逸，富有古意，美轮美奂。1989年，柳苏在《读书》上发表《你一定要看董桥》，将董桥其人其文推荐给大陆读者。1997年，陈子善编了一本评论集《你一定要看董桥》，由上海文汇出版社出版，让更多的大陆读者了解了董桥的文章。

然而，不喜欢的，则说"你不一定要读董桥""你一定要少看董桥"，甚至"你一定不要看董桥"。比较有代表的是冯唐写的《你一定要少读董桥》，说他的文章犹如乾隆的书法——甜腻，仿佛甜点，吃一口，有滋味；吃几口，倒胃口，坏牙齿。最近，网络上一篇黄硕武的文章，说董桥纠正了香港中文的许多语病，而自身的一些文字却值得商榷。这篇文章的题目是《董桥不是桥》。

是的，董桥不是"桥"。但有关董桥的讨论，却给了我们这本小册子一个很好的题目——"读桥"。

二 读桥如读书

桥梁为跨越障碍、沟通两地而存在，它对于现今在工业化社会中生存的人们，几乎无人不知，无人不用。

一座跨河桥梁，附近的小朋友经过时喜欢用手抚摸它的栏杆，在他们的眼里，桥是周围环境固有的部分；对于他们的父母，那是每天上下班的必经之路，只在偶尔因为维修通行不畅时，才意识到那是一座桥；而他们的爷爷奶奶，则清楚记得在桥梁修建前拜访朋友或接送孩子去学校要绕很远的路。

一位外地画家偶然路过，可能觉得这座桥与周边环境很协调，可作为创作题材，并对周边人对它的漠然态度感到奇怪；当地的政府官员充分意识到该桥对联系邻里、救火、出警和急救的重要作用，时常关注它的健康状况；对附近的商家而言，有了桥，他们的服务范围扩大了许多，进货也方便多了；但原来靠摆渡为生、如今没有了生意的撑船人，则对桥另有一番感受。

是啊，同一座桥，在每一个人的眼里是不同的，每一个人对它的理解与感受也是不同的。同一座桥，在一千个人眼中，变成了一千座桥梁，正如"一千个人眼中有一千个哈姆雷特"。

桥梁的基本功能是服务交通，但并不止于此。桥梁是有生命的，有文化的，是可以阅读的，就如同一本书。

从规模来说，桥梁可大可小。大规模的桥梁，如36公里长的杭州湾跨海大桥、30公里长的上海东海大桥，犹如长篇史诗，是浩瀚千万字的宏篇巨著，跨江越海，气势磅礴。小规模的桥梁，像是一首短短几行的小诗，跨沟越溪，小巧玲珑，融入环境之中，"小桥流水人家"，也别有一番风味。

从桥梁结构来说，桥梁可以是单卷本，一跨过河；也可以是多卷本、连续剧，跨数众多，连续不断。

一般的桥梁以交通为主要功能，就像是工具书、手册，朴实、实用；也有的桥梁注重外观，或造型夸张，或结构异化，如同侦探小说，情节紧张，不断反转。

桥梁的构成，可分为上部结构、下部结构和支座等，类似文章的章节，再细分之，像文章的段落、句子、词语，它们又可继续细分为各类构件与细部结构。

不同材料、不同结构的桥梁，质地不同，形象各异。石拱桥古朴沧桑，钢斜拉桥、悬索桥时尚轻盈，混凝土梁桥朴实耐用。如同有的文章用词古朴，有的文章语言华丽，有的文章简洁耐读。

小学的语言课上，老师教我们读文章的中心思想、段落大意，不仅要认得字，还要理解每句话、每一段和整篇文章的意思。因此，除文章本身外，我们还要了解文章的作者、写作时间、写作背景。

对于桥梁也是一样，特别是有故事的桥梁，我们要读懂它，也要了解它的设计师、建造师的背景，桥梁修建时的技术条件，桥梁所在地的自然与文化环境、桥梁修建后所经历过的风风雨雨……

三 努力读懂桥

有三座桥，在我的童年和少年记忆中留下深刻的印象。我于20世纪中叶出生于福建省罗源县城关。县城位于罗源溪北岸，104国道沿溪南岸向东北达宁德、向西南往福州，是城区对外的唯一公路。印象深刻的第一座桥是县城跨越罗源溪的大石桥，好像只有两三跨，石板巨大，它是当时唯一的一座通往外面世界的桥梁。第二座桥是五里桥，它是104国道跨越罗源溪的桥梁，它到县城有五华里，故得此名。其最早为木桥，1969年其上游建新桥，1970年春节，新桥接近完工，大年初一，县城的群众倾城而出，前往参观，好不热闹。第三座桥在福州。大约是1972年，我读初中时参加集体活动，从罗源走50公里到连江馆头，然后坐船到马尾，登上马尾的罗星塔，有人指着远处，说那是一座新建的桥——乌龙江大桥。

多年以后，我才知道福建古桥中石墩石梁桥成就巨大，罗源城南桥应该也是此类桥梁，可惜不知何时消失了，也找不到文字记载。罗源五里桥则是一座双曲拱桥，是我国那个年代的代表性桥型，该桥共8孔，单孔最大跨径22m，矢跨比1/6，桥面宽8m，后来病害严重，拆除重建。而乌龙江大桥是当时国内跨径最大的预应力混凝土桥。1977年恢复高考后，我考上福州大学，就读于路桥专业，两位专业老师郭金琼、郑振飞就是大桥的主要设计者。

大学四年，我学了一些桥梁专业知识。大学毕业到施工单位短暂工作后，我又回到福州大学，师从郑振飞教授，开始硕士研究生的学习。之后留校，继续在郑老师、郭老师等前辈指导下工作，并赶上了桥梁事业发展的黄金时期，在教学的同时，参与了许多桥梁的设计、科研工作。

我们这一代人，由于历史缘故，在小学、中学时代并未学习太多的文化知识。到了大学，便拼命学习科技和专业知识。工作后，我们从技术的角度，努力学习桥梁，理解桥梁，实践桥梁。也许我们可以说自己有一些桥梁的知识，然而，我们却不敢说我们有相关的文化，相比于我们的前辈，我们可归于"有知识没文化"的一类，我们的前辈才是有知识有文化的一代。

我的"读桥"是从读郑老师1981年在《福建文学》第5期上发表诗作《致大桥》开始的：

> 钢的骨骼，钢的躯体，钢的意志；
> 你本来是耸起摩天大厦的材料；
> 石的坚固，石的质朴，石的精灵，
> 你可以琢磨成为千古不朽的石雕。
>
> 但是，喧腾的时代呼唤着更多的大桥，
> 荒滩古渡的小舟满足不了人民的需要，
> 于是，你毅然选择江河作为你的岗位，
> 在万顷波涛之上铺出大道一条……
> ……
> 大桥呵，你是一切光辉形象的化身，
> 你是一切高尚风格的写照，
> 友谊的长虹，爱情的鹊桥，科学的人桥，
> 这一切人间美好的比喻都与你划了等号。
> ……
> 呵，在通向二十一世纪的万里征途上，
> 让我们每一个人都变成一座坚固大桥，
> 推动祖国四个现代化的车轮，
> 向着太阳，向着光明，向着宏伟的目标。

郑老师的诗加深了我对桥梁的理解，给了我读桥的初始动力，也坚定了我为国家桥梁事业贡献力量的决心。

我参加工作后，有幸协助郑老师参加了《中国民族建筑》（福建卷）的工作，了解了包括古桥在内的福建古代建筑，与郑老师共同在1991—1992年的《福建日报》上发表了《福建民居采风》《福建的佛教寺院》《福建道教名山与建筑》以及《富有挑战性的建设——福建现代桥梁巡礼》等文章，并共同撰写了《福建古桥的建筑艺术》一文，刊登于《福州大学学报》（社会科学版）1991年第2期上。

郑老师在科研、教学和行政管理的同时，在桥梁与建筑文化方面的工作中从未停下脚步。他笔耕不缀，于2000年在作家出版社出版了《建筑人文的守望》，收集了众多有关桥梁文化的文章，如《诗与桥梁》《现代诗与现代桥》《廊桥叙旧》《桥梁新释》《蓝桥轶事》《闽桥窥美》《金门大桥漫步》等。2019年，郑老师的英语著作《Bridges in Fujian》在中国建筑工业出版社出版。该书中以精彩的文字、精美的图片，从历史、结构、桥梁工程师等方面介绍了福建的古代桥梁，如泉州的洛阳桥、漳州的江东桥、晋江的安平桥、福州的万寿桥、安泰桥，涵盖的桥梁类型包括石桥、木拱桥等。

在郑老师的提携与鼓励下，我也学着读桥、写桥。现将我与郑老师所写的文章，挑选出20篇，集结成册。

走过许许多多的桥，也学习过、研究过、修建过一些桥，我们努力去读桥，努力去读懂桥。本书是我们师生的读桥录，希望对你的读桥有所帮助。

前　言

桥梁是交通基础设施的重要组成部分，在人类社会的生产、生活中发挥着重要的作用。桥梁技术随科学技术的发展而发展，桥梁建设与管养凝聚着桥梁人的智慧与汗水，桥梁建筑承载着历史、文化与艺术。作为四大文明古国之一，我国有着悠久的建桥历史，有过辉煌的技术成就；新中国成立后，尤其是改革开放后，我国桥梁事业突飞猛进，为社会经济发展做出了突出的贡献，桥梁技术已处于世界领先水平。我们有幸处于其中，参与桥梁教学、科研与生产建设，倍感自豪。除专业技术外，我受郑振飞老师的影响，对桥梁文化也产生了浓厚的兴趣。工作之余，也写了一些"读桥"的小文，部分已在刊物上发表。有感于目前有关桥梁文化的书籍不多，我与郑老师从我们已写的相关文章中，挑选出21篇，集结成册。其中1篇为自序，其余20篇大致可分为三个部分。

第一部分"海外读桥"，共8篇，是这本小册子的主要内容。这部分收集了我到世界多地参观桥梁的随感，包括《相遇在桥头》《米哈博桥，什么时候能见到你》《迷失在威尼斯》《拱桥，波尔图的拱桥》《伦敦千禧桥的是是非非》《原来桥梁的色彩可以这样》《友之邦　心之桥》《有一座大桥　名为4月25日》，其中几篇文章曾在《桥梁》杂志上刊登。改革开放后，我们有更多的机会走向世界，了解世界。巨大的文化差异，对我的思想产生了巨大冲击，给我带来了更多新的思考。同时，由于缺乏深厚的古汉语、历史等中国文化基础，我所写的更多是海外桥梁引发的思考。

第二部分是"诗与桥梁"，共5篇。前3篇是郑老师所写，包括《现代桥梁与现代诗》《唐诗与桥梁》《宋诗与桥梁》，后面2篇是我写的小诗《春天里的随想》和《双螺旋桥》。

第三部分是"地方桥梁赏读",共 7 篇。前 2 篇为郑老师所作,第 3 篇是我们二人的合写,后 4 篇为我所写。包括《宋诗中的闽桥》《塔移寺外与僧出山门》《福建四大古桥:巨石垒砌的桥梁史奇观》《福建古桥的建筑艺术》《冬季到台北来看桥》《安溪侨乡,飘着茶香的桥乡》《福州大学校园的拱桥文化》。这一部分既包括了对福建古桥的文化解读和对其建筑艺术的探讨,也描写了台湾现代桥梁的艺术与技术成就,还包含基于对桥梁文化思考的实践活动。

2024 年,第九届桥梁工程教学研讨会上,我受邀作了题为"读桥"的报告,引起了与会者的极大关注和对本书早日出版的期望。本书的顺利出版,感谢大家的鼓励,感谢人民交通出版社卢俊丽、杜希铭、李瑞等编辑的辛勤工作。同时,希望大家对本书提出宝贵的意见,以便今后的修订。

作　者
2024 年 11 月

目　录

第一部分　海外读桥

一　相遇在桥头 …………………………………………… 3
二　米哈博桥，什么时候能见到你 …………………… 15
三　迷失在威尼斯 ……………………………………… 21
四　拱桥，波尔图的拱桥 ……………………………… 50
五　伦敦千禧桥的是是非非 …………………………… 60
六　原来桥梁的色彩可以这样 ………………………… 71
七　友之邦　心之桥 …………………………………… 82
八　有一座大桥　名为4月25日 ……………………… 101

第二部分　诗与桥梁

九　现代桥梁与现代诗 ………………………………… 113
十　唐诗与桥梁 ………………………………………… 124
十一　宋诗与桥梁 ……………………………………… 144
十二　春天里的随想 …………………………………… 161
十三　双螺旋桥 ………………………………………… 162

第三部分　地方桥梁赏读

十四　宋诗中的闽桥 …………………………………… 167
十五　塔移寺外与僧出山门 …………………………… 174
十六　福建四大古桥：巨石垒砌的桥梁史奇观 ……… 180
十七　福建古桥的建筑艺术 …………………………… 188
十八　冬季到台北来看桥 ……………………………… 193
十九　安溪侨乡，飘着茶香的桥乡 …………………… 208
二十　福州大学校园的拱桥文化 ……………………… 217

第一部分　海外读桥

一　相遇在桥头/3

二　米哈博桥，什么时候能见到你/15

三　迷失在威尼斯/21

四　拱桥，波尔图的拱桥/50

五　伦敦千禧桥的是是非非/60

六　原来桥梁的色彩可以这样/71

七　友之邦　心之桥/82

八　有一座大桥　名为4月25日/101

一 相遇在桥头

英国画家亨利·霍利迪（Henry Holiday，1839—1927）有一幅著名的油画《但丁与贝亚特丽齐》（*Dante and Beatrice*）（如下图），描述了但丁与贝亚特丽齐（Beatrice）在佛罗伦萨圣三一桥头相遇的情景。该画现存于英国利物浦沃克美术馆（The Walker Art Gallery）。

▶ 亨利·霍利迪油画作品 *Dante and Beatrice*

（一）名桥与名画

但丁（Dante Alighieri，1265—1321）是佛罗伦萨这座城市拥有的众多伟大文学艺术家之一，其代表作《神曲》对欧美乃至世界文学艺术产生了广泛的影响。但丁是中世纪的诗人，也是文艺复兴的先驱。恩格斯在意大利文版的《共产党宣言》的序言中说，封建的中世纪结束，资本主义纪元的开始，是以一个大人物为标

志的，这个人就是但丁。

贝亚特丽齐（Beatrice，也可译作贝特丽丝、贝特丽采、比阿特丽斯等）是但丁柏拉图式的心上人。但丁一生只见过贝亚特丽齐三次。第一次是但丁9岁时，遇到了小他1岁的少女贝亚特丽齐并爱上了她；第二次是9年之后在佛罗伦萨；第三次是在贝亚特丽齐成为伯爵夫人的婚礼上。这幅画描述的是他们第二次相遇的情景。

现在许多有关但丁与贝亚特丽齐第二次相遇的描述，多出自对这幅画的解读。关于相遇的地点，许多人将其误解为相遇在老桥桥头甚至老桥桥上。例如，网络词条"阿诺河老桥"条文中说："相传文艺复兴时期的伟大诗人、《神曲》的作者但丁，曾在这座桥上与热恋的情人贝亚特丽齐相遇，所以，老桥也被称为'爱情桥'。后来，许多国家情侣都愿到这座桥上走走，以祈求幸福。"又如，何继红（佛罗伦萨大学孔子学院中方院长、语言学博士）在长文《翡冷翠之"桥"》中介绍老桥时说道："伟大的诗人但丁9岁时，走在这座桥上，对一位叫贝亚特丽齐的姑娘一见倾心、难以忘怀，八年后，在老桥上再次相见，姑娘的美震撼了但丁的心。"

实际上，这幅油画是根据但丁《新生》中的描述而创作的。《新生》有众多的中译本，如1934年光明书局的版本（王独清译）。这里引述1993年上海译文出版社出版的版本（钱鸿嘉译）。但丁在《新生》中详细描述了他9岁时第一次遇到了小他1岁的少女贝亚特丽齐并爱上了她之后，写道："在我描述上述盖世无双的形象以后，许多日子过去了，转眼已整整九年。在第九年的最后一天，那位楚楚动人的女郎又在我眼前出现。她身穿一件雪白的衣服，走在年纪稍大的两位淑女之间。她经过一条街时……"

但丁在《新生》中并没有详细记述见面的地点。见面地点是画家豪里达于1882年至1884年创作油画时所设定的。佛罗伦萨最有名的桥当属老桥，那为什么豪里达没有把二人相遇的地点设在老桥呢？

据说，豪里达非常担心所画的场景不能真实反映当时的情景，1881年专程到佛罗伦萨实地考察。他了解到二人相见的那个时期，老桥在一场洪水中被毁坏，正在进行重建。因此，老桥在他的油画中，就成了背景，而不是见面的地点，油画中依稀可见老桥重建用的支架。

显然,将两人的相遇地点说成是老桥,太过牵强,属于想当然了。

(二) 血雨腥风中幸存

人们之所以乐于将但丁与贝亚特丽齐第二次相遇的地点说成是老桥,实在是因为老桥太有名了。

老桥意大利语为 Ponte Vecchio。"Ponte"是桥的意思,"Vecchio"是古老的意思。老桥始建于古罗马时期,当时是一座石墩木桥,该桥于 1117 年和 1333 年先后两次遭洪水冲毁。现存的老桥,建于 1345 年,是一座三跨的石拱桥,最大跨径 30m。桥墩厚 20ft (6.1m),以承受拱、桥面和其上建筑的重量。主拱的矢跨比为 1/5,较之前欧洲所修建的所有拱桥都要平坦,更接近于现代拱桥的矢跨比。而在此之前,欧洲的拱桥多采用矢跨比为 1/2 的半圆拱。当时的科学技术还不能求出拱的水平推力,为何能采用这么平坦的拱,我们不得而知,但这是一座大胆创新的桥梁,确是无疑的。这座桥也是 1944 年德国军队从佛罗伦萨撤退时唯一没有被炸毁的桥梁。据说当时德军高层的命令是炸毁所有的桥,而执行者出于对老桥的热爱而留下了它(老桥照片如下两图)。

▶清晨的老桥

▶黄昏的老桥

　　桥上有二层楼的建筑（如下图），以前是乌菲兹宫通往隔岸碧提王宫的走廊。最早在这里卖货的是一些铁匠和屠夫。1593年，美第奇公爵嫌打铁卖肉的伙计太过粗鲁，就下令把老桥上所有的铺子改成了珠宝首饰店，从此老桥又被人们称为"黄金大桥"。老桥在2008年美国《连线》杂志评出的世界最美的13座桥梁中名列第一。因此，老桥不仅在当地有名，在意大利、欧洲乃至全世界都非常有名。它被认为是代表欧洲中世纪黑暗时代转折点的标志性建筑。

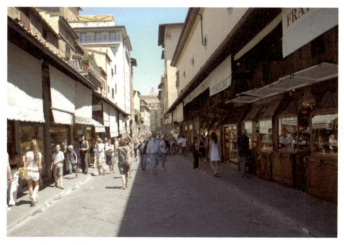

▶老桥上的街道

▶老桥上本韦努托·切里尼的塑像

何继红在《翡冷翠之"桥"》中说:贾科莫·普契尼(Giacomo Puccini,1858—1924)的歌剧《贾尼·斯基基》中有一首咏叹调《我亲爱的爸爸》唱的就是这座桥。女儿对父亲恳求道:"啊!我亲爱的爸爸,我爱那英俊少年……假如你不答应,我就到老桥上,纵身投入那河水里。"有人称老桥称为"爱情桥",也许源于此。

(三)饱经风霜仍光芒

油画中,但丁正从一座桥上走下来,根据当地地形推测,那座桥理当是圣三一桥。豪里达当年了解到,13世纪的阿诺河北侧,连接老桥和圣三一桥的伦加诺(Lungarno)街,是用砖铺砌地面,街边有许多商店。这在画中得到了细致的描绘。

圣三一桥(Ponte Santa Trinità,或译为圣特里尼塔大桥),是老桥西面(下游)的第一座桥,它因附近的圣三一教堂而得名。在现在为人们所知的圣三一桥建成前,此处为木桥,建于1252年,7年后被一场洪水冲垮,随后在此处重建的石桥又在1333年被洪水冲垮。此后建造的五孔石拱桥又被1557年的洪水冲毁。

圣三一桥最初是由佛罗伦萨建筑师巴特鲁姆·亚马纳提(Bartolomeo Ammanati)于1567年至1569年建造的,据说设计方案曾经由米开朗基罗过目。它的主拱采用的是较为少见的椭圆拱轴线，矢跨比极小，显得纤细美观。时至今日，许多学者仍然对亚马纳提如何能达到这样的设计效果困惑不解。这座桥如同佛罗伦萨的其他许多桥梁一样在"二战"中被毁，现在的桥是20世纪50年代按原样在原址上重建的（如下图）。它与老桥一样，也是三孔的石拱桥，主跨为32m，两边跨为29m。桥头和桥尾有四季雕塑像。清晨，水静如镜，宛如油画；夕阳下，金碧辉煌。

因此，这座桥不仅因为有故事而闻名，桥梁本身的建造技术与艺术，也是令人称道的。只可惜老桥太有名了，多多少少遮盖了它的光芒。

▶清晨的圣三一桥

▶黄昏的圣三一桥

（四）它让故事发生　让世界改变

回到但丁与贝亚特丽齐第二次相遇的情景，也有许多人根据油画进行了解读。例如，有人说贝亚特丽齐"目不斜视地从但丁面前走过，因为耳闻他对其他女子示好，故而对他视而不见"；有人说"贝亚特丽齐手持鲜花，但她仿佛没有看见但丁，径直走了过去，脸上泛起潮红"。

实际上，但丁在《新生》中对当时的情景明确地写道："她经过一条街时，盈盈秋波转向我惶悚不安地站着的地方，她怀着无比的深情对我亲切致礼，使我似乎看到幸福就近在身边，而这种深情厚意，如今在永世中得到报答。

当她向我致以极其甜蜜的问候时，正好是那天的九点钟；由于她的话传入我的耳鼓还是第一次，我真是欣喜若狂，就如醉如痴地离开了人群，回到我房间里静寂的所在，思念这个尤物来。"

显然，"这一次贝亚特丽齐向他打了招呼，可但丁一时间显得手足无措。但就他所描述，当时出现了神圣的幻象"（张曙光《但丁的奇异旅行》）。油画描绘的应当是二人分离的情景，而非相见时的情景。

张曙光在《但丁的奇异旅行》一文中对他们的第二次相遇给予了很高的评价。他认为，《新生》就是为贝亚特丽齐而写的。显然，她无论活着或死去，都成了但丁心目中最圣洁的形象。这一形象的圣洁在《神曲》中被推向了极致。她成为《圣经》中最著名的圣徒中间的一位，还受命于玛利亚，参与了拯救但丁的行动，并在但丁结束炼狱之旅时，由幕后走到台前，亲自引导了但丁的天堂之行。这不禁使我们想到了哥德在几个世纪后写下的著名诗句"永恒的女性，引导我们上升"。

也有人认为，没有他们的这次邂逅，也可能就没有《神曲》。我的恩师郑振飞对此评价道："一座桥，一个故事，一个划时代的作品诞生，一个伟大的诗人横空出世。我想，邂逅就是桥梁的意义，它让故事发生，让世界变化。"

在油画《但丁与贝亚特丽齐》中，为什么画家将二人相遇设

在桥头？你看，但丁从桥上下来，在那转身的一瞬间，遇到了心上人，这种场景的设置，能充分诠释当时的情景。从画作本身来说，这样的设置，有利于画面的布局、代表性景物的选择、中心人物的表现和主题的表达。这幅画中有两座名桥，一近一远，一局部一全景，桥梁本身沟通、交流的喻意，也进一步烘托了这幅画的意境。

实际上，二人相遇的确切地点已无据可考。根据油画的场景推论是在圣三一桥，并无不可。黄永玉在《但丁和圣三一桥》一文中说，有的人来到圣三一桥桥头，就会乐滋滋地测量，但丁当时站在这里还是那里，一尺或再过去几寸？另一个人则认真地纠正："不，还更过一点。"这么当真倒是不必了。

至于有人将二人的相遇地点说成是老桥，除了因为老桥有名外，还因为今天的老桥上多是珠宝首饰店，人们做这样的想象，商家制造些爱情的传说，都是可以理解的。若是回到历史，想想当时老桥上的商店均是打铁、卖肉的铺子，污水横流，人潮涌动，我们当是不会"安排"他们二人在那里相遇了吧。

（五）诗情浓意尽桥中

上面所述的两座桥，均跨越阿诺河（Fiume Arno）。阿诺河横贯佛罗伦萨市区，她平常美丽动人，为市民提供水源、水运，养育了两岸的人民。与此同时，她也阻碍了两岸的沟通，且洪水频发，时常给当地带来洪灾。始于古罗马时期的阿诺河的桥梁，屡建屡毁，屡毁屡建。现在的佛罗伦萨市区范围内共有10座桥。

从地理位置上，何继红在《翡冷翠之"桥"》中说：佛罗伦萨市内的桥由西向东分别是：卡西尼桥（Ponte delle Cascine）、维多利亚桥（Ponte alla Vittoria）、阿梅里戈维斯普奇桥（Ponte Amerigo Vespucci）、卡拉亚桥（Ponte alla Carraia）、圣三一桥（Ponte Santa Trinità）、老桥（Ponte Vecchio）、恩宠桥（Ponte alle Grazie）、圣尼科洛桥（Ponte St. Niccolò）、乔万尼·达·韦拉扎诺桥（Ponte Giovanni da Verrazzano）、马可·波罗路（Via Marco Polo）。

其中，市中心有5座桥梁，也是10座桥中相对有名的桥。从下游往上游分别是：阿梅里戈·维斯普奇桥、卡拉亚桥、圣三一桥、老桥、恩宠桥。

从时间顺序上，第一座修建的就是大名鼎鼎的老桥；第二座是卡拉亚桥（如下图）；第三座是恩宠桥，该桥因感恩圣母礼拜堂而得名；第四座是圣三一桥。另有一座是19世纪建的圣尼科洛桥。余下的则为近现代修建的。

卡拉亚桥是佛罗伦萨修建的第二座跨越阿诺河的桥，与老桥相对应，它也被称为新桥。老桥的得名，也是相对于新桥。该桥多灾多难，最早建于1218年的桥分别于1274年、1333年和1557年毁于洪水并重建，1944年德军战败撤退时又将其炸毁。现存的桥建于1948年，是一座五孔实腹式石拱桥。

▶卡拉亚桥

老桥的上游（东面）最近的一座桥是恩宠桥（也译作阿勒教堂大桥），它始建于1237年，1333年在洪水泛滥时屹立不倒。1345年重建为9孔拱桥。1347年为扩建莫齐广场（Piazza dei Mozzi）而填埋了两孔。当时的桥上还有一些房子，类似于老桥。1876年，为在桥上铺设铁路，这些建筑物被拆除。1944年被毁

后,现存的桥梁是1957年重建的。

离老桥稍远的是阿梅里戈·维斯普奇桥(如下图),是一座三孔的石墩梁桥,也是市中心5座桥梁中唯一的梁桥。

▶恩宠桥

▶阿梅里戈·维斯普奇桥

一　相遇在桥头

阿诺河之于佛罗伦萨，就像塞纳河之于巴黎，泰晤士河之于伦敦。河上的桥，都是那么的漂亮，都是建筑艺术与工程技术完美的结合，无不闪烁着这座城市深厚文化底蕴的光芒。

佛罗伦萨的旧译为"翡冷翠"，据说这名字是徐志摩起的。黄永玉在《沿着塞纳河到翡冷翠》一文中说：徐志摩写过英国、意大利和巴黎，他的极限功绩就是在一些有名的地方取了令人赞叹的好名字，"康桥""香榭丽舍""枫丹白露""翡冷翠"……徐志摩不仅给它起了这么好听的名，还写了一首诗《翡冷翠的一夜》。诗中写道：

> 你真的走了，明天？那我，那我，……
> 你也不用管，迟早有那一天；
> 你愿意记着我，就记着我，
> 要不然趁早忘了这世界上
> 有我，省得想起时空着恼，
> 只当是一个梦，一个幻想；
> …………
> 头顶白树上的风声，沙沙的，
> 算是我的丧歌，这一阵清风，
> 橄榄林里吹来的，带着石榴花香，
> 就带了我的灵魂走，还有那萤火，
> 多情的殷勤的萤火，有他们照路，
> 我到了那三环洞的桥上再停步，
> 听你在这儿抱着我半暖的身体，
> 悲声的叫我，亲我，摇我，咂我；……
> …………
> 天上那颗不变的大星，那是你，
> 但愿你为我多放光明，隔着夜，
> 隔着天，通着恋爱的灵犀一点……

由于佛罗伦萨的圣三一桥、老桥均为三孔拱桥，诗中"三环洞的桥"指的是哪一座，无从查考。但这并不重要，这两座桥作为佛罗伦萨众多桥梁作品的代表，都是那么美，那么有故事，都

是可以入诗的。这两座桥互为观赏对方的最佳地点。你可以到桥上看风景,也可以成为桥上的风景。你可以多到桥上走走,说不定也会有属于你的相遇。

(登载于《桥梁》杂志2020年第5期)

二 米哈博桥，什么时候能见到你？

米哈博桥（Le pont Mirabeau）在法国的巴黎，是巴黎城中跨越塞纳河上众多的桥梁之一。

（一）

美丽的塞纳河，从西向东横穿过整个巴黎，是巴黎的母亲河，是巴黎的魂、巴黎的美之所在。塞纳河上如今只有一种船，那就是游船，各种各样的游船。坐船游览，你可以轻松地饱览两岸的风光和名胜古迹，它们犹如一幅油画在你面展开，你可以选择其中若干景点细细品味。当然，坐船浏览，对多姿多彩的跨越塞纳河的桥，你更可以近距离地、多角度地、动态地观赏。

里尔克说，巴黎是一座无与伦比的城市。海明威说，巴黎就是一场流动的盛宴。无数的人称赞过巴黎，无数的人游览过巴黎，只有不多的人生活在巴黎，可是这其中却有那么多有名、有成就的人。

巴黎是什么？巴黎是时尚之都、艺术之都、浪漫之都……每个人去都会带着自己想象中的巴黎，去安排自己的行程，选择自己最爱的景点，又总觉得时间不够。对于我来说，每次去巴黎，总要去看巴黎的桥，尤其是塞纳河上的桥，可总还看不够。

巴黎是桥都吗？我不知道。现在国内很多城市都在说自己是桥都，一般是说自己有各种各样结构形式的桥，如梁桥、拱桥、刚构桥、斜拉桥、悬索桥等。如果以这种观点来看，巴黎称不上桥都，塞纳河上的桥主要是拱桥，历史上也曾修过悬索桥，可那是第二代的悬索桥，早已拆除重建了。塞纳河入海口上有一座斜拉桥，并且是世界上著名的大跨度现代斜拉桥——诺曼底大桥，但离巴黎很远，根本不能算是巴黎的桥。巴黎城内的桥没有斜拉桥。不过，尽管塞纳河上桥梁结构形式不多，但到塞纳河上坐船游览、看桥的人确有许多。

读桥

　　塞纳河上桥梁修建的历史几乎与巴黎的城市发展历史同步。今天的国际化都市巴黎，是2000多年前从塞纳河中间的西岱岛上一个名叫吕戴斯的小渔村发展而来的。伴随着城市的发展，从一开始仅有连接西岱岛与塞纳河两岸的桥梁，到今天三十几座各式各样的拱桥。数十年前，莱昂哈特《桥梁建筑艺术与造型》中的西岱岛桥梁建筑群的照片，是那么震撼我的心灵，那么令人神往，又是那么的遥不可及。

　　如今，我不止一次到过巴黎，不止一次坐船游览塞纳河，到河岸上细细品味这些技术与艺术的结晶。无论是美轮美奂的亚历山大三世桥，还是古朴典雅的圣米歇尔桥，塞纳河上的桥，每每让我流连忘返（如下图）。

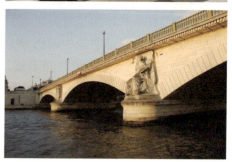

▶ 巴黎的桥

（二）

　　在巴黎时，买了几本介绍巴黎桥梁的书（法语，看图片），自以为对巴黎的桥梁有所了解，可最近看了一篇介绍米哈博桥的文章，翻遍了所有的在巴黎拍的桥梁照片，就是找不到她的影子，查了又查，才确认我居然没到过该桥。

据介绍，米哈博桥建于1893年，总长154m，宽20m，为三孔桥梁，跨径布置为32m+93m+32m，结构为三跨悬臂拱。

米哈博桥不仅因其独特的结构、桥墩上精美的雕塑而令人神往，还因一首诗而闻名遐尔。诗的名字就叫《米哈博桥》（*Le pont Mirabeau*），是诗人纪尧姆·阿波里奈（Guillaume Apollinaire，1880—1918）写的，被刻在米哈博桥头：

Le Pont Mirabeau

Sous le pont Mirabeau coule la Seine
Et nos amours
Faut-il qu'il m'en souvienne
La joie venait toujours après la peine

Vienne la nuit sonne l'heure
Les jours s'en vont je demeure

Les mains dans les mains restons face à face
Tandis que sous
Le pont de nos bras passe
Des éternels regards l'onde si lasse

Vienne la nuit sonne l'heure
Les jours s'en vont je demeure

米哈博桥

塞纳河在米哈博桥下流淌
而我们的爱情
我不得不忆及
那往日欢乐总是在痛苦之后

读桥

> 愿黑夜降临钟声鸣响
> 时日飞逝我却滞留着
>
> 手握手面对面我们在此
> 而那永恒的凝视
> 已随慵倦的波浪流走
> 从我们躯体的桥梁下面
>
> 愿黑夜降临钟声鸣响
> 时日飞逝我却滞留着

　　这首诗后来被谱成歌曲，在钢琴的伴奏下，由略带忧伤的女中音用法语演唱，轻缓的节奏犹如那不急不慢的塞纳河水流过。

　　阿波里奈是法国著名的作家，作品丰富，以诗歌为主，常被誉为天才诗人。对于国人来说，最出名的当是"当年我有一支芦笛，拿法国大元帅的节杖我也不换"，它经艾青的名诗《芦笛——纪念故诗人阿波里奈》而在国内广为传播。这些年，随着国人不断走出国门，阿波里奈的《米哈博桥》也逐渐为国人所了解。事实上，这首诗在我国诗歌界的影响颇大，有多个中文翻译版本。以上抄录的是浙江大学数学科学学院蔡天新教授的译著。

　　除了这首著名的诗之外，米哈博桥还可能是著名诗人保罗·策兰（Paul Celan，1920—1970）生命的终结处。策兰出生于一个讲德语的犹太家庭，他的父母死于纳粹集中营。在历尽磨难后，他于1948年定居巴黎，就住在米哈博桥附近。策兰以《死亡赋格》一诗震动战后德语诗坛，之后出版多部诗集，达到令人瞩目的艺术高度。

　　1970年4月19日夜里，策兰妻子不知策兰去向，到处给朋友打电话询问他的下落。直至5月1日，人们才在塞纳河下游7英里处发现了他的尸体。现在一般推测他是在1970年4月20日从米哈博桥上投河自尽的。据北岛《时间的玫瑰》记载，最后留在策兰书桌上的，是一本打开的荷尔德林的传记。他在其中一段画线："有时这天才走向黑暗，沉入他的心的苦井中。"而这一句余下的部分并未画线："但最主要的是，他的启示之星奇异地闪光。"

（三）

相比于大江大河上的桥梁，米哈博桥规模不大。可米哈博桥却承载了厚重的文化和沉甸甸的过去，被巴黎人称为"我们的爱情桥"。据说桥上常挂满象征永结同心的爱情锁。桥连两岸，似爱情连接着一对恋人，桥下那奔腾不息的河水，似注定要流逝的时间，在桥上挂爱情锁就自然成了爱情的佐证。这样挂满爱情锁的桥在欧洲不难见到，为避免锁给桥梁增加太多的重量，有些桥还定期消除一些锁，有的桥索性将挂锁区移到桥头，如德国卡塞尔的一座悬索桥。在桥上挂爱情锁的做法，近年在国内的一些旅游景区中也时有所见。

▶卡塞尔悬索桥及其桥头爱情锁

然而，我还是十分想见见传说中米哈博桥上那挂满的爱情锁。

啊，米哈博桥，我什么时候能够见到你？

让我抚摸刻在桥上不朽的诗，让那忧伤的歌萦绕我的心怀。

米哈博桥，我什么时候能够见到你？

让我静静地站在桥上，感悟时间，感悟人生。

米哈博桥，我什么时候能够见到你？

巴黎，你从不争什么"桥都"之名。可你能告诉我，你还有几座"米哈博桥"？塞纳河上的桥，是不是也像人们说的罗马古迹一样，一辈子也看不够？

后记：本文初写于2010年3月13日，登于福州大学桥梁工程精品课程教学网站上。2013年夏，陪几位朋友在巴黎转机，停留了一个晚上，夜游塞纳河，还是没能见到米哈博桥。2020年7月，与恩师郑振飞教授讨论桥梁文化时，郑老师提供了许多与米哈博桥有相关的资料，遂对初稿进行了一些修改。2022年在《桥梁》杂志第5期刊出。

三 迷失在威尼斯

（一）迷人的威尼斯桥梁

威尼斯是久负盛名的国际旅游胜地，其建筑、绘画、雕塑、歌剧等在世界上有着极其重要的地位和影响力。威尼斯最广为人知的莫过于它"水上城市"的称号，它由118个小岛组成，177条河流（运河）像蛛网一样密布其间。虽然现在有铁路、公路与陆地相连，但城市无供汽车与火车行驶的道路，城市交通主要由水上的船舶承担，最有名的游船是贡多拉。除了数不清的小河外，最主要的航道是威尼斯大运河（如下图）。

▶贡多拉

读桥

▶威尼斯大运河

威尼斯的岛屿由400多座桥梁连接。威尼斯的风景离不开水,也就离不开桥。蜿蜒连绵的水巷以及流动的清波,宛如含情脉脉的少女眼底蕴含的温柔;河流上漂浮着船头高翘的小船,小船穿越过各种结构的桥梁,其桥型有梁桥也有拱桥。桥梁的建筑材料丰富多彩,有石、砖、木、铁、钢和混凝土等,使得桥梁质感各异。桥梁的色彩或明或暗,有红的、白的、黑的等不同颜色,无不与周围环境相协调(如下图)。

第一部分/三　迷失在威尼斯

▶威尼斯各种各样的桥

  这些桥梁中跨径与规模较大的当属于跨越运河的桥梁，其中最为著名的是三座历史名桥，它们分别为里亚托桥（Ponte di Rialto）、阿卡代米亚桥（Ponte dell'Accademia）和赤足桥（Ponte degli Scalzi）；另有一座为现代名桥，称为威尼斯四桥或宪政桥。这里先介绍三座历史名桥。

里亚托桥是跨越大运河最古老的桥，也是这座城市的著名景点之一（见下图）。最早的里亚托桥建于1180年，原先是木桥，后改为吊桥。在1444年的一次庆典中，因不堪重负，大桥垮塌。从1580年开始，当地人花费12年时间，将其改建为现在的石拱桥。该桥设计师是安东尼奥·达庞特（Antonio da Ponte，1512—1595），桥梁主体结构采用白色大理石建造，基础为木桩。大桥长48m，宽22m。在桥顶上有一浮亭，两侧设有通向浮亭的斜坡道。在浮亭的两侧斜坡道上布置有20多家小店，出售金饰、皮件、玻璃制品和面具等，是威尼斯市的商业中心。大文豪莎士比亚的文学巨著《威尼斯商人》记述的就是发生在这里的故事，几个世纪以来，《威尼斯商人》不断被后人搬上电影、电视，以话剧、歌剧等形式流传于世。

▶里亚托桥

阿卡代米亚桥（见下图）位于大运河的南端尽头，该桥以它的学院画廊命名（意大利语为Ponte dell' Accademia，意为学院画廊桥）。第一次提议建造是在1488年，然而真正建成时间是1854年。该桥原先是钢桥，设计师是艾尔弗雷德·内维尔（Alfred Neville）。阿卡代米亚桥在20世纪30年代被拆除，尽管大众普遍希望建一座石桥，然而最后还是新建了一座木桥。可是好景不长，这座木桥在1985年成为危桥，因此又被拆除，从而新建了现在的桥梁。该桥的奇特之处在于它看上去像是木桁拱，但实际结构是钢桁拱，可以说综合考虑了早先两座桥的材料与结构，也可以看成是否定之否定的一个案例。对于具有丰富历史底蕴的建筑物，在重建时应该考虑最近的历史，还是考虑最早的历史？在重建时是着重于外观，还是着重于结构？对于这两个问题，这座桥给出了一个令人满意的答案。

▶阿卡代米亚桥

赤足桥位于大运河的东端，该地段附近有一个火车站（见下图）。该桥是连接圣十字塞斯蒂耶里和坎纳瑞吉奥两个地方的主要通道。赤足桥南边的圣十字塞斯蒂耶里，是一个靠近罗马广场汽车站的地方。赤足桥的名字由来和该桥北边的坎纳瑞吉奥有关，在那里有一座赤脚才能进去的教堂，名字叫斯卡尔齐教堂，所以人们将这座桥称为赤足修士桥，简称赤足桥。

▶赤足桥

第一部分/三　迷失在威尼斯

　　除了大运河上的几座桥久负盛名外，另有一座很小但很有名的桥——叹息桥（见下图）。叹息桥在圣马可广场边上，是连接原总督府和旁边地牢桥的主要通道。桥的跨径很小，属于小矢跨比的拱式结构，是用石灰石材料修建的，上面有桥屋，其造型属于早期巴洛克式风格，屋顶也为拱式。桥屋封闭得很严实，只有面向运河一侧有两个小窗。叹息桥建于1600—1603年，它的设计师是安东尼·孔蒂诺（Antoni Contino），他的叔叔安东尼奥·达庞特设计了里亚托桥。拜伦勋爵（Lord Byron）在十九世纪建议将该桥命名为叹息桥，因为当犯人在总督府接受审判之后，重罪犯被带到地牢中，可能就此永别人世，经过此桥，透过小窗看看外面自由的世界，不禁百感交集，不由自主地发出叹息之声。实际上，当该桥建成时，总督府已不作为法院进行审判，对面的地牢大部分时间关押的也不是死刑犯，而是轻罪犯。然而，小小的叹息桥，因警世的作用，早已闻名遐迩，成为游客到威尼斯必访的景点。这就是文化的力量，所谓"山不在高，有仙则名，水不在深，有龙则灵"（刘禹锡的《陋室铭》）。桥梁闻名的重点不在于桥梁的跨径或者规模大小等，很多时候在于桥梁意义深远与否。

▶威尼斯的叹息桥

　　据说除了威尼斯的叹息桥外，世界上还有两座相当有名的叹息桥，一座在剑桥大学，一座在牛津大学。剑桥大学的叹息桥跨越剑河之上，连通圣约翰学院老庭和新院。该桥建于1831年，是

一座工艺精美的廊桥。每当学生考试通不过，拿不到文凭，便往往来到这里叹息、流泪。牛津大学觉得剑桥大学叹息桥的警示作用不错，1914年也建了一座叹息桥，连接赫特福德学院的新四合院和旧四合院。不过它是一座旱桥，与剑桥大学的叹息桥相比少了些情趣。

（二）走出威尼斯小巷

虽然有这么多的桥梁将小岛连接起来，威尼斯的陆路交通还是不便，除了只能靠步行在陆上通行外，另一问题是容易迷路。威尼斯的路少有大路，处处小巷，蜿蜒曲折，还常止于河边，极易让人迷失方向。好在有美丽的风景、古朴的建筑以及不老的传说，当然还有那多姿的桥梁，让人沉迷于诗画般的美景中，即使迷路也不会觉得沮丧，甚至有人有意为之，沉浸在风景中流连忘返。这也是许多威尼斯居民期望的，希望游客们慢慢游玩，多多消费。威尼斯市长常鼓动游客们：Lost in Venice（迷失在威尼斯）。以下几张照片展现了威尼斯的日常街景。

▶威尼斯水网一角

第一部分/三　迷失在威尼斯

▶路尽头的小河

▶"迷失在威尼斯"

读桥

威尼斯是我喜欢且常去的城市，认路也是我的特长。但即使这样，威尼斯的路网也不时让我感到迷茫。不过，在总结了一番经验后我已不再迷路，因为我找到了走出威尼斯小巷的三个主要方法。

（1）最为简单的方法就是"随大流"，有众多游客的路必定可引至主要景点，到了那里，便很容易定位，重新出发，找到要去的地方。

（2）威尼斯街道或小巷路口的墙角上均有路标，请抬头仰望，不要只顾眼前与脚下。

（3）路在脚下，也在嘴上，不妨问问威尼斯当地人。当然威尼斯当地人也时常"难觅踪影"，因为到处是游客，故而向路边店员问路可能是比较可靠的方法。

（三）迷失在威尼斯宪政桥

由于只有三座桥连接大运河两岸，对威尼斯这样一个国际著名的旅游城市来说，非常不利于发展。所以很早就有人提出来修建一座连接桑塔·露西娅（Santa Lucia）火车站和罗马广场（汽车站）的第四大桥。

然而，由于威尼斯具有深厚的文化底蕴，加之其已经存在的三座成功承载着大运河历史的名桥，这使得许多人不敢承担此项工作，怕无法达到人们预期的效果，也怕愧对这一方美景，从而在历史上留下骂名。但随着游客的持续增加，建设运河第四大桥显得越来越必要，因此在21世纪来临之际，这一问题又被提到议事日程上来。由于该桥的特殊性，不仅在威尼斯，乃至在意大利，甚至在国际上，它的修建都引起了不小的关注。

2001年，第四大桥通过公开招投标，最终采用了由西班牙著名建筑设计师圣地亚哥·卡拉特拉瓦（Santiago Calatrava）设计的钢拱桥方案，于2008年建成通行。大桥建成后，取名为宪政桥。

威尼斯宪政桥采用的主结构仍是拱桥结构，这与已有的三座桥是一致的。然而，在结构上，它与已有的三座桥有着根本的不同。首先，在材料上，它并没有采用天然的石材、木材，而是采用现代的钢和玻璃。其次,在矢跨比上,它采用了极平坦的矢跨比(1/16),与已有三座桥的陡拱形成明显的反差。

▶宪政桥

宪政桥为主跨80.8m的钢拱桥,从梯步开始算,总长为94m。桥面宽度从底部的5.58m渐变到跨中的9.38m。台阶的底部距水面高度为3.20m,而桥梁跨中最高点距水面9.28m。桥大半径起拱,半径为180m,矢跨比为1/16。

该桥位于人流密集的两大交通枢纽之间,不仅需要给过桥人以良好的体验,还要给两岸和船上众多游客以良好的视觉效果。为此,主拱采用通透性的开口星形(π形)截面。主受力结构为一根主钢管拱肋、两根副钢管拱肋以及两边小三角形箱肋,分别位于π形联接钢板的各肢端部和两斜腿相交处,由π形联接钢板将它们接为一个整体。π形横梁还作为桥面受力结构。该桥的主拱轴向力,以三根钢管拱为主来承担,两个小三角形截面的边拱的主要作用是增大桥的横向刚度,增强拱的横桥向稳定性。

然而,由于在纵桥向只有平行的π形联接钢板而没有斜撑,主拱肋的受力性能与空腹桁架有点相似,π形联接钢板本身不仅要承受主拱的剪力,还要承受局部的弯矩,其某些部分应力达到临界状态。π形截面刚度不大,在非对称荷载下将会产生较大的变形;无斜撑、类似直腹杆的开口桁架拱肋,使得π形联接钢板受力很大。

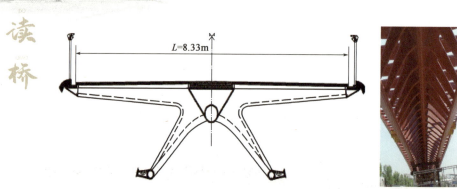

▶宪政桥主拱横截面

　　矢跨比是拱结构重要的几何参数，直接影响着拱的外形。传统的石拱桥均采用较大的矢跨比（1/2～1/3），而近代的拱结构相对要平坦一些（1/3～1/8）。一些建筑师则追求很平坦的矢跨比（小于1/8），以获得轻松跨越、令人惊奇的效果。但矢跨比同时直接影响到拱的内力。矢高越小（矢跨比越小、拱越平坦），拱的水平推力越大；反之，矢高越大（矢跨比越大、拱越陡），拱的水平推力越小。极平坦的拱会产生极大的水平推力，对下部与基础受力不利，桥的动力性能也会因此下降。

　　威尼斯宪政桥采用了1/16的矢跨比，而不像原先的三座桥采用较陡的矢跨比（如赤足桥的1/4）。这使得基础上作用的水平推力几乎是竖向力的7倍。基础平面为矩形，长22.5m，宽9m，内部采用隔板进行分割加劲，顶面盖一个坚固的盖板，组成22m深的沉箱。由于当地土质疏松，基础仍有可能产生沉降，基础完工后就要马上对其变形和位移进行控制。

TPD2	TPD1	TPD1	TPD1	TPD1	TPD1	TPD1	TPD1	TPD1	TPD3
TPD2	TPD1	TPD1	TPD2			TPD2	TPD1	TPD1	TPD4
TPD2	TPD1	TPD1	TPD1	TPD1	TPD1	TPD1	TPD1	TPD1	TPD3

▶威尼斯宪政桥基础截面尺寸图（尺寸单位：mm）

由于在荷载作用下会产生巨大的基础位移，并引起桥的变形，影响结构受力，该桥的桥台和上部结构之间安装了千斤顶系统，当每个桥台的水平位移将要超过 2cm 时，通过千斤顶调整，使上部结构恢复到初始几何位置。

小矢跨比与不大的主拱肋刚度，使得该桥在不对称荷载作用下——如人群荷载主要作用在桥的半跨时——将产生相当大的轴向力和瞬时弯曲变形。最为严重的问题是威尼斯宪政桥的第三阶振型频率为 1.9239Hz，这一频率接近行人的步行频率 2Hz，极易产生人桥共振。

该桥在使用上有两个问题。第一个问题是对拿着行李的游客来说坡度太陡。在其他桥梁的石桥面上，游客可以直接将大件行李从桥面上拖下来，而宪政桥两侧是玻璃桥面，许多游客不敢拖拉行李；即使要拖拉行李，也是小心翼翼，让人捏一把汗（见下图）。第二个问题就是该桥没有为残疾人设置专门的通道。

▶宪政桥桥面

在经济方面，该桥的建设与养护费用极高。该桥在建筑方案中标后，桥梁工程师对其进行了认真的结构分析，并对结构进行了修改设计，加大了拱肋的截面高度和钢管直径与壁厚，加长了桥台基础尺寸。工程的实际费用也从预算的 670 万欧元，上涨到 940 万欧元，每平方米的造价达 1.958 万欧元，是普通人行桥的十倍左右。此外，大桥建成初期就需要每年一到两次对拱脚使用千

斤顶恢复拱脚位移，这是一笔不小的维护费用。由于该桥建造成本超过了预算，并且维护成本过高，威尼斯市还曾起诉了设计师卡拉特拉瓦，但是法院最终判定卡拉特拉瓦胜诉。

因此，这座由著名建筑师主导、追求建筑造型的桥，是工程师眼中"结构不尽合理、功能有缺陷、造价极高"的一座桥，是一座应该受到批评的桥。

然而，这座桥在建筑处理上是颇具匠心的。桥面板采用安全回火玻璃和天然的伊斯特拉大理石，交替在台阶和坡道上使用。栏杆采用玻璃制作，并且具有青铜色的扶手装饰，在扶手里面布置荧光灯，在夜晚照亮玻璃内表面，可以产生光彩夺目的效果。主结构的钢材采用红色油漆涂色，而桥面突出栏杆的边缘部分采用白色涂色，与周围建筑的红色坡屋顶和浅色墙面颜色一致。桥面板和栏杆的淡蓝色玻璃与天空、水面交相辉映，与当地环境融为一体（见下图）。

▶宪政桥主结构颜色

桥台采用钢筋混凝土结构，形成月牙形，并没有占据整个运河河岸空间，而是在桥底留下了一条可供行人沿运河边自由行走的通道（见下图）。因此，在桥台处形成两片区域，充当桥的延伸，作为举办庆祝活动和观赏周围风景的空间。特别是在罗马广场一侧，布置这样一片区域形成了更大的行人空间，使水上公交停靠站和罗马广场之间的通行空间更宽敞。桥台表面贴上天然的伊斯特拉大理石，桥两端的延伸区域采用粗面石板、石块和斑岩铺装。

▶宪政桥桥台处构造

总之，该桥通透的主拱结构、极坦的矢跨比、明快的色彩、现代高强轻质的钢材和玻璃以及桥梁轻盈飞跃运河两岸等特点，让我多少次站在桥边，总觉得它与周围历史建筑和谐一致，并没有给人生硬牵强的感觉。可以认为，从建筑学上来说，它应该是成功的。

桥梁结构如何既满足安全、功能、经济要求，又能够取得好的建筑造型？这历来是一个难题。为什么威尼斯四桥在建筑上是成功的，而在结构上是不合理的？为什么它的功能是有缺欠的，造价是高昂的？桥梁建筑的出路在哪里？

我迷失在威尼斯宪政桥。

（四）这也许是条出路

2008 年，在中国与克罗地亚政府间合作计划的资助下，福州大学与萨克勒布大学在克罗地亚召开了首届中国-克罗地亚大跨度拱桥学术研讨会。会上捷克专家伊里·斯特拉斯基（Jiri Strasky）作了关于拱支撑悬带桥的大会报告。"拱支撑悬带桥"（简称悬带拱）巧妙地将拱的推力和悬带的拉力互相平衡，避免了这两种结构所需要的强大抗推或抗拉的桥台及基础，悬带受到拱的支撑增加了刚度，减小了垂度，而拱也由于悬带自重很轻而可以做得很纤细，矢跨比做得较小。二者组合而成的结构轻巧美观，曲线流畅，在对景观有较高要求的人行桥中具有相当强的竞争力。下图为捷克布尔诺市的拉特卡河上的一座悬带人行拱桥。

▶捷克布尔诺市拉特卡河桥

会后，我又一次来到威尼斯，当我站到宪政桥边时，头脑中突然闪过一个念头，宪政桥若用悬带拱来建，效果会如何？回国后，我就指导了2008级硕士研究生冯阅进行了以威尼斯宪政桥为背景的"悬带拱桥试设计与受力性能分析"。试设计桥梁主拱计算跨径64m，悬带总跨径为80.8m，与威尼斯宪政桥的跨径相同，悬带中间段34m，支撑在拱肋上，两端通过混凝土斜杆与拱脚连接固定在基础承台上。拱顶距离水面高度6.4m，计算矢跨比1/10，总体布置如下图所示。

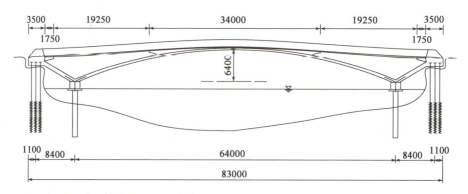

▶宪政桥试设计总体布置图（尺寸单位：mm）

试设计桥梁中悬带为直接承重构件，在荷载作用下产生较大拉力，通过斜杆传递平衡部分拱肋水平推力，其余的水平推力由基础承担。在自重作用下，基础承台产生的水平反力为2670kN，而当最不利荷载工况作用时，基础承台产生的最大水平反力仅为3120kN，远小于原桥。

当单个行人以结构的共振频率进行激励时，试设计悬带拱桥产生的峰值加速度响应最大为 $0.597 cm/s^2$，远小于相应的舒适性上限指标值 $59.8 cm/s^2$，表明试设计悬带拱桥按照国际标准化组织（International Organization for Standardization，ISO）规范的规定在单个行人激励下能够满足人行舒适性要求。

计算结果表明，试设计方案静力性能和动力性能都符合相关规范的规定，说明设计是可行的。

试设计悬带拱桥提出了两种施工方法施工拱肋，一种为节段法施工木拱支架再现浇混凝土拱肋；另一种为竖向转体施工木拱支架再现浇混凝土拱肋，均不需要大型的吊装设备，木拱支架制作简单，运输方便，适合于该桥在狭小场地内施工。

试设计悬带拱桥材料用量省，主要材料的使用量明显低于威尼斯宪政桥。威尼斯宪政桥主要结构为钢结构，用量为407300kg，为试设计悬带拱桥用钢量的532倍，试设计悬带拱桥主要结构采用混凝土，总用量为 $300m^3$，而原桥由于为抵抗巨大的水平推力，桥台及基础使用了 $1080m^3$ 混凝土，为试设计悬带拱桥的3.6倍。可见，试设计悬带拱桥大大节省了使用材料。

在造价方面，2006年9月建成的麦克劳林大道人行桥，是一座悬带拱人行桥，由悬带桥面悬挂在提篮拱上构成，桥梁总长92m，桥面宽5.2m，工程总造价110万欧元，约合每平方米2300欧元。根据对已建悬带拱桥的调查发现，悬带拱桥的造价在每平方米2000欧元左右，以此估算试设计桥的工程总预算为64万欧元，仅为原桥造价670万欧元的十分之一，且无须负担使用千斤顶调整拱脚位移的维护费用。

在使用方面，两端靠台阶抬升桥面，使得桥面可以采用较小的纵坡，在台阶两侧设置坡道，满足残疾人上桥的需要。

因此，试设计桥梁结构合理、施工方便、造价经济、功能

满足要求,且多个指标明显优于现有的宪政桥。然而,威尼斯宪政桥毕竟是著名景区的重要桥梁,试设计桥梁的景观效果如何呢?

悬带拱由悬带和拱组成,二者均为曲线结构,悬带支撑于拱之上,在支撑区的上拱与悬空区的下垂,形成自然的、连续光滑的 W 曲线,悬带结构轻盈灵巧。钢索两端锚固于桥台,中间段 34m 通过承板与拱肋浇筑在一起,组成一个马鞍形部分。桥面板宽 4m,板厚 0.1m,全桥共 2 束预应力钢束,对称布置在桥面横向两侧。斜杆长度 13.75m,顶部距离水面 3.5m,与水面成 30°夹角。斜杆与拱脚连接,固定在混凝土基础承台上,承台宽 2m,高 1.4m。桥梁水中正视效果如下图所示。

▶试设计桥水中正视效果图

试设计桥梁在色彩上遵循与周围建筑和谐一致的原则。拱肋、斜杆和桥面板预制块材料全部采用混凝土,桥面用天然的伊斯特拉大理石表层铺装,主结构的颜色均为混凝土的灰白色,与周围建筑墙面颜色一致。桥的栏杆采用玻璃制作,并且具有青铜色的扶手装饰。在栏杆的尾端,靠近桥台处,采用天然伊斯特拉大理石装饰,其上刻浅浮雕。栏杆的淡蓝色玻璃与天空、水面交相辉映,其侧视与俯视效果如下图所示。

初步分析表明,试设计桥具备了取得良好建筑景观效果的条件,相信借助建筑师、艺术家的细部处理,可以取得更好的效果。

从威尼斯宪政桥的试设计来看,通过结构的创新,完全可能做到既满足安全、功能、经济要求，又取得好的建筑效果。结构创新，也许是桥梁建筑的一条出路。

▶试设计桥侧视与俯视效果图

（五）走到福大校园来

结构创新，是否确实是桥梁建筑的一条出路呢？这需要实践的验证。我们有幸找到了机会。为庆祝福州大学成立55周年，2013年，旗山校区新建了一条景观大道，连接东大门与图书馆，靠近图书馆处有一湖泊需要一座桥梁跨越，我们承接了这座桥（卧龙桥）的设计任务。

福州大学旗山校区呈南北走向，地势平坦，有山有水，风光旖旎。校园中轴线景观大道东接东大门，西接校园中心建筑——图书馆，南面为大片的湿地，远望长安山北麓，北面为大片绿地。景观大道宽36m，中置绿地与花坛，两侧设两条宽6.7m的人行

道。景观大道的人行道在图书馆一侧有约30m的水面，拟采用两座宽6m的分离式桥梁跨越（下图中画框位置）。

▶福大卧龙桥桥址

校园水系发达，学校规划将来可用小船作为交通与休闲手段，通达校内各处。因此，要求桥下的净高大于3m。但桥位处地势低矮平坦，水面与路面高程相差仅1.5m，拱式结构是较为合理的选择。拱结构通常传递出一种曲线流畅、富有韵律的美感，正如林同炎先生所言："拱是一种独特的结构形式，它可以清晰地表现出力流和美学的外观。"此外，考虑到拱桥的研究和工程应用是福州大学桥梁学科的特色，福州大学也正需要一座美观的拱桥作为表征。因此选择拱桥作为解决方案。

桥址场地为草地及池塘，属软土地基，因此，拱桥跨径不能太大，跨径取25m，略小于水面宽度30m，并且宜采用无推力或部分推力拱；路面高程为7.8m，起拱线高程约为6.583m。若采用上承式拱桥，则主拱则矢跨比小于1/16，将产生巨大的水平推力，所以宜采用下承式或中承式拱桥。由于桥面要有一定的纵坡与竖曲线，以满足接线与桥下通航的需要，最后决定采用中承式拱桥。所以，桥梁结构方案定为中承式刚架系杆拱（部分推力拱）。

无推力中承拱需要边跨来平衡主拱的水平推力，多为三跨结构，如下示意图所示，已在我国钢管混凝土拱桥中得到大量的应用。其边跨与主跨的跨径比多在 1/5.5~1/4 之间。卧龙桥主孔跨径仅 25m，边跨为 4~6m，因此，设计时考虑将其退化到桥台上，不设边跨。

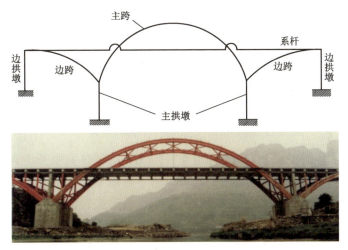

▶中承式刚架系杆拱

一般的刚架系杆拱中，系杆为总体结构构件，不参与桥面系受力，另有独立的桥面系结构；系杆多采用高强钢索，通过拉力来平衡拱的水平推力，所以系杆尽可能直拉，如有纵坡，系杆索的曲率半径要大。卧龙桥为小跨径人行桥，桥面纵坡较大，曲率半径小，系杆索布置困难。同时，作为小跨径人行桥，另行设置桥面支承体系，结构显得过于复杂。因此，是否可以采用系杆索作为桥面系的支承结构的问题就被提出来了。答案是肯定的。采用系杆索作为桥面系支承结构，这就意味着将系杆索作为悬带，它与拱的结合，就是悬带支撑拱桥，又名悬带拱。但它与一般的悬带拱不同，它将桥台处的斜撑融入桥台中，将拉、压的两组桩基础均统一到桥台基础中，如下图所示。

▶一般中承式悬带拱

桥梁的立面一般布置图可见下图。其边跨退化到桥台，且采用了系杆索作为桥面支承的钢管混凝土飞鸟式拱方案设计。它也可以视为桥台整体化的表现，并且采用了具有钢管混凝土拱肋的中承式悬带拱方案设计。

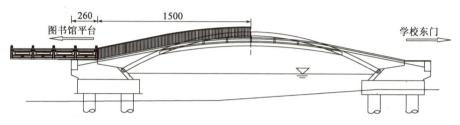

▶福大卧龙桥立面布置图（尺寸单位：mm）

校园建筑是校园文化的载体，服务于青春飞扬、活泼向上的青年学子，建筑风格不宜过于死板。所以，在横桥向采用了外倾式的主拱设计，赋予了桥梁振翅欲飞的动势，契合了大学生蓬勃向上的生命力。景观人行桥以钢管为主材，并且采用蓝色涂装，从而赋予其时代气息，与校园核心建筑图书馆形成呼应，达到了与周边景观环境和谐相融的效果。下图为该桥的平面与侧面布置图。

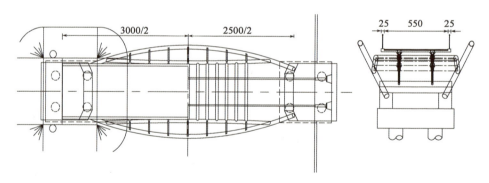

▶福大卧龙桥平面与侧面布置图（尺寸单位：mm）

在造型处理上，主拱肋采用了较小的矢高（4m），即主拱肋拱顶仅高出桥面板 0.75m，从而在桥上营造出开阔的视野，赋予行人极佳的亲水体验。在桥梁栏杆的选择上，曾经有过不同的意见。一种意见认为，桥梁两岸一侧为景观大道，另一侧为日晷，均以花岗岩材料为主，所以桥梁的栏杆应采用石栏杆，与之协调。

本人则认为该桥主体结构采用了轻质高强的钢结构，若栏杆采用石材，则过于厚重，与桥梁总体不相匹配，应同样采用钢栏杆。对于环境来说，附近建筑虽然都是石结构，但桥位附近的图书馆体量巨大，主导了周围的环境，是桥梁与周围景观关系处理中需要首先考虑的因素。而图书馆是一座现代化的建筑，且以钢结构为重要的建筑元素。因此，桥梁的栏杆采用钢结构可行且能取得良好效果。同时，桥梁的色彩宜以与图书馆钢结构相同的蓝色为主调。通过这样的设计，图书馆和人行桥这一组现代化的建筑就与景观大道和日晷这一组传统建筑互相穿插并且遥相呼应，尤如中国太极的阴中有阳、阳中有阴，从而取得了极好的景观效果，成为福大旗山校区的重要景观，下图为此桥在校园中的效果图。

▶福大卧龙桥效果图

对于桥梁名字，本人建议取名蝶桥，寓意着梁祝化蝶的美好爱情，然而毕竟梁祝的结局是凄惨的。为此，校党委书记陈永正建议取名卧龙桥（见下图），寓意福州大学人才辈出，卧虎藏龙。正如该桥的碑记所说的，该桥"曲线优美，远眺似蝶之双翼，更似双龙卧波，充分体现了和谐、协同的理念以及福大人奋发有为的精神风貌"。

福大卧龙桥的实践，证实了通过结构创新找到合理的结构，加以建筑学的设计，能够取得很好的建筑效果，是桥梁建筑的一条出路。

读桥

▶ 福大卧龙桥照片

然而，还有没有其他的路径呢？

实际上，路径还有很多，比如传承。

中国具有悠久的历史、灿烂的文化、丰富的文化遗产。这些文化遗产不仅是我们中国人，也是全人类的宝贵财富，不仅需要保护，还需要传承。

在中国古代桥梁中，木拱桥是一朵奇葩，它由两组纵桥向的折边拱结构与横向构件编织在一起，形成主受力结构。许多国家都曾修建过木拱桥，但自古代遗存下来的不多。木拱桥的主要结构形式有木肋拱、木桁拱、编木拱和其他形式。就现存的古代木拱桥来看，我国没有木肋拱、木桁拱，只有编木拱；而国外有木肋拱、木桁拱，但没有编木拱。因此，中国木拱桥在桥梁史研究上有着重要的地位。

据历史资料记载，中国的木拱桥起源于北宋明道时期（公元1032—1033年）的开封，因结构严谨、造型精巧优美，远眺宛若飞虹，故又名虹桥。这种桥型在宋朝被广泛地应用于中原地区。但明代以来，由于种种原因，这种桥型在曾经盛行的地区，如山西、河南、安徽等地没有再建的记录。在很长的一段时间里，学术界认为这种木拱桥已经失传。20世纪50年代，我国桥梁工作者发现《清明上河图》中最精美的那座汴水虹桥实际上就是曾在北宋时期流行过的编木拱桥。

20世纪20年代末80年代初,历史遗存下来的百余座编木拱桥在福建东北部和浙江西南部山区被桥梁和文物专家发现。之后开展了大量的保护与研究工作,但基于桥梁结构学的研究较少。

为此,福州大学在此方面积极进取,承接了一些国家与省部级课题,进行了实桥实测、模型试验等,成为中国木拱桥研究的重要力量。我们认为桥梁作为一种功能性建筑,应在使用中保护,还应通过传承,将这种技术发扬光大。为此,我们在福大旗山校园内设计了两座木拱桥(见下图),不仅为校园增添了新景,也给学生以近距离的实物观察机会,还为培养这种桥型建设人才提供了实践机会。

▶《清明上河图》中的虹桥

▶闽浙木拱桥《福建屏南万安桥》

▶福大旗山校园两座木拱桥

同样，中国古代石拱桥也具有极高的技术成就，赵州桥与卢沟桥就是典型的代表。福大旗山校园中也修建了一座石拱桥。总之，以传承为方法同样可以取得好的建筑景观效果（见下图）。

▶赵州桥与卢沟桥

▶福大旗山校区中的石拱桥

桥梁建筑的出路可以靠创新，也可以靠传承，还可以将创新与传承结合起来。福大旗山校区中一座人行拱桥，就是创新与传承的实例。这座桥采用了最新的超高性能混凝土材料进行建造，而桥梁的造型则传承了中国古代石拱桥的风格。

该桥位于办公南楼前两湖之间的堤坝上，桥宽2.1m，横断面布置为0.3m栏杆+1.5m人行道+0.3m栏杆。为体现校园特色，要求设计在满足功能且经济合理的同时，充分重视桥梁景观，与周边环境相融合。为此，选用了拱桥方案。桥梁主跨10m，矢高2.5m，矢跨比1/4。主拱为板拱，拱肋厚10cm，采用抗压强度为

130MPa 的超高性能混凝土，侧墙与栏杆底座为 C30 混凝土。最大纵坡为 1:2.25，设 8 级台阶，不设横坡。

超高性能混凝土（英文简称 UHPC）是一种具有超高抗压强度和超高性能的水泥基复合材料，自 1993 年出现后，便引起了桥梁技术人员的极大兴趣与高度重视，加拿大于 1997 年建成了第一座 UHPC 人行桥。此后，工程实例不断增多，但以梁桥为主，在拱桥和斜拉桥中的应用不多。福州大学对 UHPC 拱开展了系列研究，包括跨径 160m、420m 和 600m 的 UHPC 拱桥试设计、UHPC 拱极限承载力模型试验等。在此基础上，在福州大学校园内建成我国首座，也是国际上第三座 UHPC 拱桥。该桥主体于 2015 年 1 月建成，栏杆、桥面等施工于 3 月份完成。该桥的修建，既为我国 UHPC 应用以及为国际 UHPC 拱桥的发展提供了新的经验，也为福州大学校园增加了新的景观，为师生了解这种新技术建筑材料提供了实例，已成为国内外对 UHPC 有兴趣的技术人员重要的参观地。

该桥主拱厚度仅 10cm，为跨径的 1/100。在建筑造型上，主拱结构显得单薄，所以将拱上建筑（侧墙）部分直接加到主拱上，以增强人们对于结构的信心，但即便这样，它与传统的石拱桥的厚重还是形成了鲜明的对照。侧墙设计采用了中国传统石拱桥常用的反弯曲线。拱的优美曲线，配以镂空的轻盈木栏杆，与校区湖岸的树林景观融为一体。

与世界上另两座 UHPC 拱桥（如下图所示的韩国仙游桥和奥地利威尔德桥）对比，显然能一眼看出福州大学旗山校区人行桥的中国建筑风格，但它又不是简单地模仿中国传统石拱桥。它用现代高性能的材料（UHPC）代替低强度的石材，适应了场地处软弱地基的条件，能够采用现代桥梁建造技术。此外，它采用了传统石拱桥的曲线与风格，但以轻薄的外形出现，符合现代的审美情趣。总之，它以创新的材料，传承了中国石拱桥优美的曲线，用高新技术演绎传统文化，是一个难得的好作品。因此，在传承中创新或在创新中传承，可能是桥梁建筑最好的一条前行之路。

▶ 福大旗山校区中的 UHPC 人行拱桥

▶ 韩国仙游桥（左）和奥地利威尔德桥（右）

从这几座桥的实践来看，除了创新外，传承、传承中创新或创新中传承，都可以取得结构与建筑的统一，可能都是桥梁建筑的出路。

（六）结语

我曾经迷失在威尼斯的小巷中，有三种方法可以让我们走出。

然而，我又迷失在了威尼斯宪政桥，桥梁建筑的出路在哪里？

我尝试着寻找答案，并在福大校园的桥梁中进行着探索，创新、传承、创新与传承的结合。

你还迷失在威尼斯吗？

也许你该到福大校园看看。

后记：本人曾以相关的内容在日本长崎大学、意大利罗马三大和国内多地进行过演讲。2016级的林毅焌同学根据我在厦门理工大学的演讲进行了初步整理，在此基础上进一步整理形成了本文。后又经修改，于2023年分上、下两部分刊登于《桥梁》第1期和第2期上。

四 拱桥，波尔图的拱桥

艾菲尔不仅仅是铁塔

波尔图（如下图）是葡萄牙第二大城市，位于葡萄牙首都里斯本以北 300km。葡萄牙国名（Portugal）与葡萄无关，更与葡萄发芽无关（传说慈禧听到葡萄牙国名时说"我只知道都是豆子花生会发芽，从不知道葡萄也会发芽"）。葡萄牙国名源于波尔图的城市名，波尔图早期曾作为葡萄牙的首都。波尔图原名波尔图加列（Portvgal），为"不冻港"的意思。1143 年，葡王阿丰索·恩里克（Afonso Henriqnes）定都于此，后来波尔图加列改名为波尔图。16 世纪中叶，葡萄牙人占据了澳门，当地中国人按粤语发音将 Portvgal 译成"葡萄牙"。

波尔图老城沿山而建，以杜罗河右岸为主。杜罗河穿过城市后进入大海。波尔图 14 世纪就已成为繁荣的港口城市。城内街巷密布，狭窄陡峻，蜿蜒曲折。18 世纪中叶修建的 76m 高的钟楼在城市中"鹤立鸡群"，成为老城的标志性建筑，同时也是早期海上导航的陆标。

▶波尔图城市景观

第一部分/四 拱桥,波尔图的拱桥

波尔图老城景色优美,历史悠久,建筑遗产丰富,既有带着罗马风格唱诗班席的大教堂、新古典主义的证券交易所,也有典型的葡萄牙纽曼尔式圣克拉拉教堂,还有经典的路易一世大桥。1996 年,波尔图历史中心、路易一世大桥和皮拉尔山修道院被列入世界文化遗产。

杜罗河两岸地势陡峭,水深流急,又有通航需求,需要较大跨度的桥梁跨越。历史较久的有玛利亚·皮亚桥(Ponte Maria Pia)和路易一世(Luiz I)大桥(如下图)。前者为跨径 160.13m 的铁路桥,它是一座二铰拱桥,建于 1877 年,现已基本不再使用。后者于 1886 年建成,具有双层桥面,下层桥面由四根吊杆与主拱相联。主拱的跨径为 172.5m,拱肋高度从拱脚的 16.7m 变到拱顶为 7.1m,仍在使用,上层还通电车,近年大桥刚进行了维修。

玛利亚·皮亚桥(Ponte Maria Pia)和路易一世大桥(Ponte Dom Lnís I)都是用锻铁建造的,修建者分别是艾菲尔和他的学生。从拱上立柱和主拱的桁架构造,不难发现与艾菲尔铁塔相似的形制。人们也将此类锻铁拱称为"艾菲尔拱"。据说,艾菲尔在临终前遗憾地表示,由于铁塔太出名了,以至于人们忘记了他是一名桥梁工程师。是啊,"艾菲尔"不仅仅是铁塔。

▶玛丽亚·皮亚桥

▶路易一世大桥

醇馥幽郁的杜罗河河岸：桥·酒·人

根据网络信息，杜罗河（葡萄牙语 Rio Douro，西班牙语 Río Duero）发源于西班牙东北部伊贝里卡山脉中乌尔维翁山，向西穿过卡斯梯林桌状地，多峡谷急流，下游在葡萄牙的波尔图注入大西洋，全长 770 km（如从支流皮苏韦尔加河计，长 895km）。横贯西班牙和葡萄牙。支流都来自北部潮湿区，有埃斯拉河等。南部支流较次要。流域面积 79096km^2。通航里程约 200km。

杜罗河沿岸地区因玛劳山而免受大西洋气候的影响，冬冷夏热，从西到东降雨逐渐减少，尤其利于葡萄成熟。据说 14～15 世纪，英国人因英法战争希望能找到新的葡萄酒，以不再依赖从法国的大量进口。他们发现杜罗河地区适于葡萄的种植，经过几代人的努力，产出了高品质的葡萄，并将其酿成美酒。当时中国人将 Portvgal 译成"葡萄牙"，可能同时考虑了发音和该国盛产葡萄、葡萄酒的因素。

波尔图是杜罗河地区最大的城市，手工业与商业发达。它又是杜罗河的入海口，无论是葡萄从产区运来，还是葡萄酒从这里运出去，运输条件都极为便利。因此，波尔图的酿酒业也就兴旺发达起来，人们所熟知的"波特酒"就是其代表。

巨大的酒窖在杜罗河畔绵延数里，它们也在世界文化遗产所划定的区域之内。许多酒窖不是酒厂，因为葡萄酒的酿造、蒸馏是由杜罗河上游的大小作坊完成的。酒到这里后经调酒师品味、鉴定，再与前期老酒调配之后酿成当年的产品，再经贮存而成。这里所说的酒窖，并非挖地数米，而是平地筑起的藏酒仓库，酒窖常年开放供人们参观选购。

▶杜罗河风景

与酒窖相映衬的是杜罗河中大量的"酒船"。它们均为有着传统独特造型的黄色木船，既有实际用途，也构成该城的一幅经典画面。灿烂的阳光下，古老的路易一世大桥旁，成群结队的酒船，满载着盛装有美味葡萄酒的木桶，运往世界各地，这是你到该地不应错过的风景（如下图）。夕阳西下的时候，邀上三五好友，坐在杜罗河边，要上一瓶上好的陈年葡萄酒，望着不远处的路易一世大桥，慢慢地品味。啊，酒真香，桥真美，生活真美好！

因地制"桥"，融情于景

随着城市的发展，杜罗河上修建的桥梁在不断地增多，坐船观赏美景也成为波尔图旅游的保留项目。

游船就在路易一世大桥附近，乘着游船逆流而上，首先遇到的是恩里克王子桥（Infante D. Henrique），如下图所示。它建成于2002年，以一主跨280m直接跨越杜罗河。该桥位于路易一世

大桥和玛利亚桥之间，同为拱桥，与两座经典的拱桥相呼应。但同时，它为混凝土坦拱，跨径达到了280m，而矢跨比仅为1/11，拱圈高度仅为1.5m，其结构轻巧纤细，能够给观者以良好的视觉感受，反映了现代桥梁建筑的发展趋势。

▶恩里克王子桥

这之后，河流两岸地势趋缓，又有支流汇入，所建的两座桥梁均采用了梁式桥，见如下两图，均为连续刚构桥，造型轻巧简洁。

▶两座梁式桥

此后，游艇掉转船头，顺流而下，重赏了这些桥和路易一世大桥后，向入海口驶去。展现在你的眼前的是阿拉比迪桥（Ponte da Arrábida）。该桥建于1963年，主跨270m，为当时世界上跨径最大的混凝土拱桥，该桥设计技术高超，造型简洁（如下图）。空中俯瞰，它与周围环境极为协调。

第一部分/四　拱桥，波尔图的拱桥

▶阿拉比迪桥（胡卫华摄）

　　杜罗河的入河口处，即使是在阳光明媚的日子里，也常常起雾，使沿岸的风景有了仙境般的感觉（如下图），也使阿拉比迪罩上神秘的面纱。于是，你只好再次光临，并乞求好运，以一睹其揭开面纱后的尊容。

▶杜罗河入河口的雾景

走进福大，桥梁文化出海亟加强

　　我三次访问过波尔图，每次都与国际拱桥大会（International Conference on Arch Bridges, iCAB）有关。第一次是2004年，第4

届国际拱桥大会在西班牙的巴塞罗那召开，我受邀作了大会报告，并申办第 5 届（2007 年）的会议，但没有成功。参加完大会，我们顺访了葡萄牙，该国的桥梁给我留下了深刻的印象，只可惜当时路易一世大桥正在维修（如下图）。

▶ 维修中的路易一世大桥（杨元海摄）

三年后的 2007 年，第 5 届国际拱桥大会在葡萄牙的马德拉群岛中的主岛马德拉岛（Madeira）召开。该岛有"大西洋明珠"之美誉，位于非洲西海岸外，是著名的旅游和度假地（如下两图）。该岛位于里斯本西南约 1000km，一般需要从葡萄牙本土转机，所以我们又一次顺访了波尔图。

▶ 马德拉岛建筑远景

第一部分/四 拱桥，波尔图的拱桥

▶ 马德拉岛建筑近景

在这届大会上，我再次受邀作了大会报告，并再次申办第6届（2010年）的会议，获得了成功。第5届国际拱桥大会的大会主席保罗·洛伦索（Paulo Lourenco）评价说："中国有着丰富的拱桥资源，中国的学者为拱桥研究作出了卓越的贡献，因此这一次大会选择在中国有着非常积极的意义。"

第6届国际拱桥大会于2010年10月11日至13日在福州顺利召开，这是该国际会议首次在欧洲以外的地点举办。虽然当时世界还处于金融危机之中，大会论文集仍收了117篇论文，其中国外的占60%以上，有来自20多个国家的100多名代表出席了大会，其国外代表占到一半以上，具有广泛的国际性。

这之后，每三年一届的国际拱桥大会，又回到欧洲，在克罗地亚、波兰举办了第7、8届后，2019年再一次来到了葡萄牙的波尔图。于是，我又一次来到了波尔图。由于在2013年国际拱桥大会上成立了永久性学术委员会（Permanent Scientific Committee，PSC-iCAB），并决定将秘书处落在福州大学，因此这

次我是以 PSC-iCAB 秘书长的身份出席,并受邀在开幕上致辞。原计划在会议前一天的晚上到达,遗憾的是因故未能按时到达,错过了开幕式。然而改乘第二天的航班中午到达时,天气极好,飞机下降时刚好可以俯瞰全城,遂拍下了大量照片。

▶ 波尔图鸟瞰景

会议第一天结束时,安排了杜罗河游览。黄昏中、夕阳下,又一次欣赏了众多漂亮的杜罗河上的桥,尤其是拱桥。

第二天的大会晚宴,安排在酒窖中举行,别具特色。此前,PSC-iCAB 举行了讨论会,决定下一届的承办单位。有两家单位申请举办,福州大学再次申办,并以一票的优势赢出。来到宴会处,前厅摆着国际象棋,现场小提琴演奏欢迎着来宾。落坐在四周堆着橡木酒桶的宴会上,回想着我们在促进国际拱桥交流合作方面的努力,不禁感慨万千。

中国的拱桥建设历史悠久,技术不断发展,成就突出。但长期以来,外界了解不多。据了解,在第1、2届国际拱桥大会上,我国参加的人数较少,从2001年在巴黎召开的第3届开始,我国才有较多工程师与学者参加。之后,国外同行对我国的拱桥应用与研究成果有了越来越多的了解和认可。同时,中国学者与工程技术人员的参加,也使以既有拱桥为主的大会,增加了新技术、新建设的内容,为这一古老桥型不断创新,提供了中国经验与技术。

主办方分别在晚宴期间和闭幕式上两次宣布下一届会议的主办单位,并对福州大学做了相应的介绍。下图为福州大学土木工程学院院长布鲁诺·布里斯杰拉（Bruno Briseghella）代表举办单位在闭幕式上演讲后的照片。

▶国际拱桥大会会后留影

受疫情影响，原定于2022年10月举办的第10届国际拱桥大会延到2023年10月25—27日在福州举办。

第10届国际拱桥大会再次来到中国，使中国将成为继葡萄牙之后，第二个两次举办国际拱桥大会的国家。而就举办地而言，福州则是唯一一个举办两次国际拱桥大会的城市，波尔图也只有一次。然而，客观地说，虽然福州也有许多古桥、现代桥，其中一些也不乏特色，然而，总体上难以与波尔图相媲美，尤其是拱桥。

后记：本文是为迎接第十届国际拱桥大会2023年10月在福州召开而作。文章曾以《相逢于波尔图的拱桥》为题登于2023年第4期《桥梁》杂志上，刊登时略有删减，现全文刊出。

五 伦敦千禧桥的是是非非

在英国伦敦有两座纪念进入21世纪的建筑物,即伦敦眼(London Eye)和千禧桥(Millennium Bridge)。伦敦眼立于泰晤士河(River Thames)旁(如下图),千禧桥则是横跨泰晤士河的人行桥。

▶ 伦敦眼

人类喜欢依水而居。具有千年历史的伦敦也是从泰晤士河边的小镇发展起来的。为了方便两岸交通,从古到今伦敦泰晤士河上修建了许多桥梁。如今从伦敦西面的汉普顿法院桥(Hampton Court Bridge)到东面的塔桥(Tower Bridge),在23km的范围内有33座桥,千禧桥是最新建成的一座,也是最具争议的一座。此前的最后建成的是伦敦最著名的桥梁——伦敦塔桥,建于1894年,是一座开启桥。

第一部分/五　伦敦千禧桥的是是非非

▶伦敦塔桥

千禧桥是一座人行桥，桥梁联接北岸著名的圣保罗大教堂（St Paul's Cathedral）和南岸的泰特现代美术馆（Tate Modern art gallery）（如下图）。

圣保罗教堂正面

从泰特现代美术馆看桥，远处为圣保罗教堂

从船上看桥，对岸为泰特现代美术馆

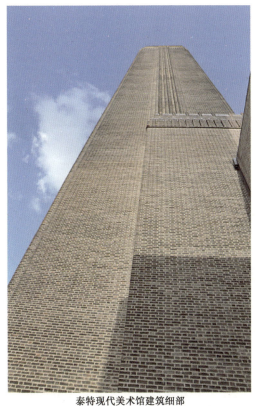

泰特现代美术馆建筑细部

▶千禧桥的两端：圣保罗大教堂和泰特现代美术馆

· 61 ·

读桥

千禧桥的下游是南华克桥（Southwark Bridg），接着是加农街铁路桥（Cannon Street Railway Bridge），远处是伦敦塔桥；千禧桥的上游是黑衣修士铁路桥（Blackfriars Railway Bridge），紧挨着它的是黑衣修士桥（Blackfriars Bridge）。

下游

上游

▶千禧桥的上下游

作为泰晤士河上唯一一座专门的人行桥，又是一座纪念性桥梁，且两端连接的都是著名的宗教、文化场所，伦敦市政府和伦敦市民对这座桥的建筑景观寄予厚望。为此，1996年由英国金融时报（Financial Times）和南华克议会（Southwark Council）组织了设计竞赛，共有227个参赛者。最后由英国的阿鲁勃工程咨询公司（Avon Arup）、福斯特建筑师事务所（Foster and Partner）及雕塑家安东尼·卡罗（Anthony Caro）的联合体提出的方案——小垂跨比悬索桥"光之刃"（Blade of light）方案胜出。

▶小垂跨比悬索桥"光之刃"

这个方案完全从建筑造型的角度出发，采用从工程观点看来并不经济的悬索桥结构，总长325m，分为三跨，跨径组合从北到南为81m+144m+108m。为了实现"光之刃"的构思，采用了非常规的垂跨比很小的悬索结构（中跨的垂度为2.3m，垂跨比为1/63，约为正常悬索桥的六分之一），并且尽可能让一部分索置于桥面系之下，以减小索对桥上行人视线的影响。主缆共有8根，每边4根如下图所示，将2000t的水平拉力锚固于两岸的桥台中。

▶千禧桥一边的主缆

为给行走在桥面上的观光客创造最大程度不被干扰地欣赏泰晤士河面风光以及两岸伦敦美景的"全景视野"效果，相异于世界其他的悬索桥，千禧桥牵引钢缆的最大高度被控制在仅高于桥面 2.3m。于是，这样一座成功实现跨度达 320m、薄而轻盈的悬索桥轻轻地牵手于泰晤士河东西两岸。

千禧桥沿轴向每隔 8m 设一根横梁，横梁两端与索夹联成整体，支撑于主缆之上；桥面横向两侧的两根圆钢管纵梁通过焊接支承于横梁上，4m 宽的蜂窝状轻型铝板作为桥面板支承于钢管纵梁上，其桥面结构如下图所示。

▶千禧桥桥面结构

由于主缆的矢跨比很小，一般悬索桥的桥塔在这座桥就退化为桥墩上伸上来的 Y 形支撑。

▶千禧桥桥墩与主缆支承结构

诺尔曼·福斯特（Norman Foster）是世界知名建筑师，且在英国被封为爵士，获得过普利兹克大奖。千禧桥的建筑设计应该说是成功的。银灰色的桥梁，全部以金属构件建造，尤其是桥面板大面积采用的铝材，以其轻质高强和在航空航天领域的广泛应用，给人一种高科技的感觉；加上不锈钢栏杆特有的金属光泽，予以人们引领未来桥梁新材料的印象。极小矢跨比的主缆大部分置于桥面系之下，使桥上的行人和驻足观赏者的视野不受桥梁结构的阻挡，尽情体验泰晤士河和两岸旖旎的风光。白天在游移变换的日光照耀下，桥梁发出特有的金属光泽，轻盈的桥身似一条银色绸带飘于泰晤士河之上。夜晚，在灯光的照射下，似一道剑刃发出的青光，轻轻划过河面。从游船上看，在伦敦低空云团的背景下，桥上的行人仿佛行走或站立于云端，如梦如幻。

▶千禧桥局部

千禧桥的施工始于 1998 年。其主要工程由蒙伯格与索森（Monberg & Thorsen）公司和罗伯特·麦卡尔平（McAplpine）于 1999 年 4 月开始修建。建设过程受到英国媒体和民众的广泛关注。在 18 个月的施工过程中，工地上仅有极少的工人，由远程控制的起重机将构件安装就位。英国广播公司（BBC）还专门以此为契机，拍摄了三集有关桥梁工程的纪录片，毕竟英国曾经在桥梁工程方面取得过很大的成就。事后，负责这部纪录片的女记者露西·布莱克斯塔德（Lucy Blakstad），还以此为资料写了一本名为《桥梁：连接之建筑》（Bridge：the architecture of connection）的书，该书受到桥梁界人士的喜爱。

桥梁原计划在2000年4月完工，然而工期被拖延了。2000年5月9日，英国女王按原定计划出席了该桥的开通仪式。原定由南北两岸两个教堂（瑟萨克和圣保罗）的两个主教从两端走向桥中点会合作为开通的仪式。然而，由于桥梁还未完工，女王只在北面桥头发表了讲话，开通典礼草草收场。在千禧桥的北岸是繁华的市区，南岸相对落后，此桥的修建正是为了沟通两岸，促进南岸的繁荣。然而，直至女王出席开通仪式，该目的还没达到。因为，女王开通的是一座尚未完工的桥梁。

千禧桥在2000年6月建成，比原计划迟了两个月，工程造价比预算的1600万英镑多出220万。6月10日是大桥投入使用的第一天，慈善机构组织了一次步行过桥募捐儿童基金的活动。据说那天共有九万多人参加了这个活动，桥上任何时候都超过两千人，大桥出现了严重的横向摇晃。伦敦市民戏之为"摇晃桥"（Wobbly Bridge）。此事在英国引起了轩然大波，舆论一片哗然，有的甚至说这个英国千禧项目已经失败，有些民众感到郁闷，我们英国人怎么连一座桥都建不好。当然也有个别人很享受这种摇晃，甚至有一位老兄说这个桥不能摇晃得更厉害一点，真是令人惭愧。不管怎样，这座被寄予厚望、造价高达1820万英镑的人行桥，经过了两天严重的摇晃后，第三天被迫关闭。

有些人，如前面提到的BBC的露西就认为，对于这样创新性的设计，应该允许出现错误，科学无法知道所有的答案。然而，工程并不同于科学，一般来说，科学允许失败，而工程是不允许失败的。

千禧桥的设计行人荷载是5000人，从静力来说，它完全能够承受刚开通那两天的人群荷载。因为虽然摇晃严重，但桥梁并没有严重的安全问题，当然寿命可能受到影响。因此，该桥还谈不上失败，只能说是存在不足。但这么重要的桥梁，为什么会出现这样的问题呢？

在开通两天之后，设计者负责任地要求封桥，以找出原因和解决的办法。著名的建筑师福斯特接受现实，在电视上向全英国民众公开道歉。

负责这座桥工程设计的阿鲁勃公司的工程师们开始了试验、

分析与研究。

由于行人过桥时步伐一致,当步伐的频率与桥梁自振频率接近时,会引起共振现象危及桥梁的安全,已是常识。这种共振是竖向振动为主。然而,千禧桥出现的情况是行人过桥步伐是随机的,桥的振动以横向为主。一开始,有些人就自然而然地想到共振问题,认为虽然不像军队过桥步伐一致,但当行人很多时,人们会不自觉地用同一频率行走,称之为集体同步现象。"这种现象是指随意地,按照他们自己最喜欢的速度行走的人们,在没有任何组织的情况下,不自觉地使用同一种频率行走。"纽约康奈尔大学(Cornell University)的斯蒂文·斯道格兹说,"就是这种现象。人们为什么会开始同步移动?他们完全是下意识的。这种情况是谁也没有想到的,设计桥的工程师也不曾预料到。"

也有人认为这个问题是个文化问题而不是技术问题。他们认为,如果事先告知了这座桥会摇晃,人们对相同的摇晃结果就会有不同的反应。事实上有许多旅游景区中的桥梁还以其会摇晃来招徕游客。

阿鲁勃公司的工程师们并没有受到这些言论的影响。他们在大学的实验室里进行了行人在摇晃的平台上行走的行为的观察。结果发现,人在行走时都会有横向摆动。当人行走在摇晃的平面上时,为保持身体平衡,会下意识地加大步伐,朝反方向摆动身体,这与人在船上时的行为一样。用阿鲁勃公司负责此项研究的工程师帕特·达拉德(Pat Dallard)的话说就是,当你走在桥上时,你会改变你的行走方式去适应桥的晃动。

他们还组织了不同数量行人过千禧桥的实测试验。试验发现,人们过桥并没有采用与桥梁自振频率相同的步伐,因此它的摇晃并不是共振的问题,而是人们过桥时为适应桥梁微小的横向摆动自然反应的结果。它与人数有关,存在着一个临界人数。当一跨上的人数少于156人时,桥梁没有任何晃动,当人数比156人多出10人后,晃动就开始发生,并随着人数的增加而加大。当人数超过临界人数时,行人引起的横向摆动超过了桥梁的吸收能力导致桥梁有了可感的摆动,行人们为适应这种摆动调整身体与步伐,又加剧了这种摆动,以致摆动越来越大,直到人们行走困难扶住

栏杆为止。

找出原因后，他们花了四个月进行了加固设计与施工。安装了 90 个减振器，其中，37 个为吸收振动的黏滞阻尼器，54 个为重物阻尼器，用弹簧固定于桥上，以减小桥梁的竖向振动。多花了 500 万英镑，封桥 20 个月后，伦敦千禧桥于 2002 年 2 月 22 日重新开放（如下图）。

▶千禧桥全景（从泰特现代艺术馆六楼俯视）

尽管当时议论纷纷，然而，还是有相当多的英国普通民众与技术人员对千禧桥出现的问题表现出了宽容的态度，认为创新必然会带来一些预想不到的问题，解决了这些问题才会促进技术的进步。除前面提到的露西认为科学探索总会有预想不到的事情的看法外，戴维·布洛克利（David Blockley）在《桥梁》一书（2010 年由牛津大学出版社出版）中，也认为伦敦千禧桥出现这样的问题不是工程师过失，并从技术角度进行了说明。他解释说，在千禧桥之前，只有一篇技术文献报道过桥梁横向摇晃的问题，那就是日本东京大学的藤野教授。这篇文献介绍了一座人行斜拉桥当桥上 2 万人跑步通过时出现了横向晃动的现象，并说这座桥由行人引起的桥梁横向摇晃的问题在桥梁设计中没有进行过验算。然而，不幸的是，这篇论文不是刊登在桥梁工程杂志上，而是刊登在地震工程杂志上，所以没有引起英国桥梁工程师的注意。

实际上桥梁的横向晃动问题不仅日本的藤野提出过，我国的武汉长江大桥在通车典礼上也出现过桥梁的横向晃动问题。由于晃动问题没有得到令人信服的解释,在设计南京长江大桥时,为了确保万无一失,把钢桁梁加宽了 4m,增加了 4000t 钢。1965 年在西昌参加全国桥梁会议时,时任铁道部副总工的王序森对同济大学的李国豪说了这个问题。1968 年,李国豪被送到上海市郊罗南公社劳动改造期间,在极其困难的条件下偷偷地对这个问题开展了研究,于 1969 年 9 月完成了初步测算;1971 年 4 月,李国豪从理论上成功地给出了大桥晃动的答案。同年夏天,被解除隔离后进行了试验验证,证明了计算结果的正确性。1974 年,李国豪在全国钢桥振动科研协作会议上报告了他的研究成果:武汉长江大桥通车时出现的晃动,是由于涌上大桥的人群荷载造成的桥梁弯曲、扭转共振,大桥自身结构没有问题。因此,南京长江大桥多用的 4000t 钢没有必要。话音刚落,全场掌声雷动。大桥局总工程师紧紧握着他的手说:"困扰我们 17 年的谜终于解开了!"1975 年,李国豪的《桁梁扭转理论——桁梁的扭转、稳定和振动》(李国豪,人民交通出版社,1975)一书出版,这一研究成果获得国家自然科学三等奖(程国政,《李国豪与同济大学》,同济大学出版社,2007)。

当然,李国豪研究解决的武汉长江大桥的摇晃问题与伦敦千禧桥出现的问题并不完全一样。不过,截维·布洛克利所说的,在千禧桥之前,只有一篇技术文献报道过桥梁横向摇晃的问题,他指的文献应该是英语的文献。也许对于英国人来说,只有英语的文献才是文献吧。

说起英语,想起西德尼·谢尔顿的小说《众神的风车》(*Windmills of the gods*)中的一个情节。说的是美国的女教授玛丽被派到罗马尼亚当大使,她的两个小孩贝丝(Beth)和蒂姆(Tim)到国际学校上课。当玛丽问起学校的情况时,贝丝告诉妈妈说,太怪异了,他们说英语都带着那么好笑的口音("It's so weird", Beth said, "They all speak English with such funny accents.")。玛丽告诉他们,你们要记住,当某个人有口音时,说明他比你多懂一种语言。("Just remember," Mary told the children, "when someone has an accent, it means that he knows one more language than you do.")。

不知道伦敦千禧桥的设计者们知道几种语言。
Only English?

后记：本文写于2010年9月23日，曾刊登于福建省精品课程《桥梁工程》的教学网站，网络上以《千禧桥是与非》为题进行了转载。

六 原来桥梁的色彩可以这样

（一）

桥梁的美历来受到人们的重视，色彩的应用是桥梁美学需要考虑的重要因素之一。对于石桥和混凝土桥，一般采用材料的原色；对于钢桥，色彩就丰富多了。钢材外表面的油漆，不仅是防腐的需要，也为桥梁的色彩提供了更多的选择。

相比较而言，我国钢桥在过去修建得不多。对钢桥的色彩选择和美学考虑，研究得不多，重视也不够，经验也较缺乏。曾记得一次在长沙理工大学作讲座，讲的内容是钢管混凝土拱桥的应用与发展，演讲中介绍了我国大量的钢管混凝土拱桥的实例。演讲结束后，一个学生提的问题是"为什么钢管混凝土拱桥都是红色的？"。对这个现象，我感觉到了，可从没认真想过，因为它与结构无关。经他一问，我也不知怎样才能给他满意的答案，只能举了个别不是红色的桥例，并说大部分采用的是红色，有些还是符合美学原理的，但确实红色的占了绝大多数，这可能是中国人的审美习惯吧。

▶双色桥

读桥

后来接触了另外一些例子，发现我们确实对桥梁的色彩有时应用得不好。如上图这座双色桥，两根拱肋，一根用红色、一根用蓝色，初衷是暗喻桥位处的鸳鸯的传说，一红一蓝，成双成对。可从色彩学原理来说，一个暖色调、一个冷色调，放在一起极不协调，给人的感觉并不舒服。

还有一个例子，也是一座拱桥。拱桥经常被誉为彩虹，因此，名叫彩虹桥的特别多。这种比喻，一方面是桥梁作为沟通两岸、便利交通的功能性建筑，对人们的生产生活起到很大的作用，人们从心底感激，进而用美好的形象去赞美它；另一方面，因为拱的曲线与彩虹相近。这种比喻，是人们的想象与感激的心情投射到具体事物上的表现。可有的拱被涂成多种颜色，如下图所示，涂成红黄蓝三种颜色，将原本想象的事物具象化，限制了人们的想象空间。虽然与双色桥的两种彩色相比，黄色起到一定的过渡作用，可色彩对比过于强烈、色种太多，显得土气。桥面以上部分与桥面以下部分不连续，更显得不合适。我本人设计的一座钢管混凝土桁肋拱桥，也有人提出要采用多种颜色来表现彩虹，通过耐心的解释，最后只用了一种颜色。虽然用的也是红色，与其他桥类似，可也比用多种颜色要好，特别是桁式，由于本身杆件比较多，若再用多种色彩，那就更显得杂乱。

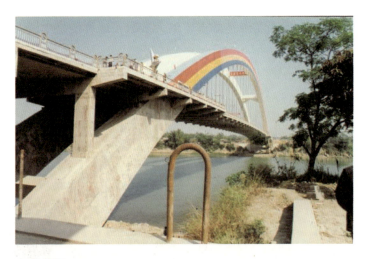

▶三色桥

第一部分/六 原来桥梁的色彩可以这样

2012年5月我到新加坡参加一个国际会议,会议所在宾馆的后面就是新加坡河。我看到河上有一座桥梁,名叫Alkaff桥,也是五颜六色。

▶Alkaff 桥

(二)

现在桥梁的颜色多是通过效果图或3D虚拟动画来选择。我本以为这是目前最好的办法了,后来才发现日本还有比这更好的方法。

日本长崎在修建新西海桥时,除了使用效果图和3D虚拟动画外,景观委员会委员还会到现场考察。工作人员在桥位处,用吊机吊起两组(每组各三个)共有六个涂有不同彩色的钢构件,景观委员会的委员则站在原来的西海桥上,置身于桥梁的实际环境中,想象着不同颜色的拱肋建成后的效果,最后选择了蓝色,与桥下的大海和上方的天空颜色相近。如下两图所示。

▶现场考察色彩效果

▶日本新西海桥照片

（三）

上面所说的是一座桥梁的颜色，接下来我要说的是一条线路上几座桥的颜色。

日本长崎市的西北方有一个外海地区，沿着海边是日本 202 国道。沿途依山面海，风光秀丽，景色宜人（如下图所示）。

▶日本西北外海风景

从长崎向北走，沿途会经过三座拱桥，分别是蓝色、白色和红色的钢拱桥，均为下承式的拱梁组合桥，跨径也差不多。它们分别是四谷河内桥、荒川桥和新神浦桥。其中，四谷河桥长160m，宽9.3m，建于1988年；荒川桥长115m，宽10m，建于1980年；新神浦桥长126.2m，宽9m，建于1980年（如下各图所示）。

第一部分/六　原来桥梁的色彩可以这样

▶四谷河内桥

▶荒川桥

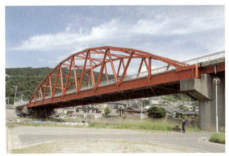

▶新神浦桥

　　这三座桥，无论是蓝的、白的，还是红的，它们的颜色与环境都能较好地协调。然而，相似的环境、相似的桥梁，为什么采用不同的颜色呢？是随意而为，还是有什么含意？

　　经过了解，原来这三座桥的颜色采用的是法国国旗的三个颜色，分别代表着自由、平等和博爱。

读桥

那么,在日本长崎怎么会用到法国国旗的颜色呢?原来它与日本天主教的一段历史有关。

众所周知,长崎作为从江户幕府的锁国时期开始日本与外界交流的唯一窗口而闻名于世。1541年传教士沙勿略(Fransisco Xavier)从里斯本出发来到印度的果阿,并于1549年8月登陆日本南部九州的鹿儿岛,开始了在日本的传教。此后,天主教在长崎开始传播。

后来,德川幕府开始禁教,于1612年颁布了基督教禁止令,对天主教进行残酷的镇压,遭受迫害的天主教徒们为了逃避镇压,纷纷躲到外海地区隐居,使外海地区成为与日本天主教发展历史有着密切关系的地区。日本现代著名的作家远藤周作(1923—2000)曾以此为背景,创作了闻名世界的小说《沉默》。2000年5月,远藤周作逝世后,在其夫人的协助下,在长崎西北外海设立了远藤周作文学馆(如下图)。

▶远藤周作文学馆

文学馆建立在临海的小山岗上,南面、西面是美丽的大海,东面、北面是青翠的山地,环山伴海,美景尽收眼底,其中北面的小山村就是外海的出津地区(如下图)。在文学馆附近还有停车场、超市等,使这里成为附近人们购物的场所和途经此地的人们休息的场所。我每次与日本朋友走这条线路,都要在这里停一停,休息一下,喝喝水,看看海,看看出津地区的景色。

1978年,为纪念多罗神父,外海地区与多罗神父的家乡法国的奥尔河畔沃(Vaux-sur-Aure)市结为友好城市。2005年随着外海地区被编入长崎市,奥尔河畔沃市与长崎市成为友好城市。

▶出津地区景色

前面所说的这条沿着西海岸的 202 国道,是外海地区著名的兜风线路,犹如一根丝线,将沿海的风光与具有浓郁异国情调的建筑,串珠似地联结起来。而在这一串珠链上,呈现法国国旗蓝白红三色的三座桥,更为其锦上添花。

啊,原来桥梁的色彩不仅可以在单座桥上应用,还可以在一条线路上几座桥作为一个整体来考虑。看似普通的三座拱桥,因色彩的巧妙应用,富于了这么多的文化内涵,确实能给我们以启迪,值得我们以学习。

(四)

不仅在桥梁色彩方面我们极少考虑几座桥梁的整体效果,就是桥梁造型,我们也多考虑单座桥,而较少考虑一条线路上、一条河流上、一个城市中多座桥梁整体的效果。经常有些城市称自己为"桥都""桥梁博物馆",自豪地宣称自己拥有所有的桥梁结构类型,如梁桥、拱桥、刚构桥、斜拉桥、悬索桥等。在新建一座桥时,首先考虑的是还没建过什么桥,而对于这个没建过的桥型是否合适考虑得较少,对于整体的景观考虑得更少。有时你在看眼前的一座拱桥,背景是一座斜拉桥,迭在一起令你有杂乱的感觉。建设方和设计者给出的效果图往往避开这个角度,只给出最佳的效果,有时根本不顾现实中经常观桥的视角,甚至拿大多数人没有机会看的低空俯视效果图作为桥型选择的依据。

如果以拥有桥梁类型多少来评判一座城市的桥梁建筑,巴黎称

不上是桥都,塞纳河上的桥都是拱桥,没有悬索桥,也没有斜拉桥。可是谁也不能否认塞纳河上桥梁的美。

▶西岱岛俯瞰图

巴黎是2000多年前从塞纳河中间西岱岛上的小渔村发展而来的。伴随着城市的发展,从一开始修建连接西岱岛与塞纳河两岸的桥梁,到今天拥有了30多座各式各样的桥。上图是莱昂哈特所著《桥梁建筑艺术与造型》(F. 莱昂哈特,人民交通出版社,1988)中的西岱岛的照片,都是拱桥,但形态各异,有单孔的,也有多孔的;有陡拱,也有坦拱;有砖石材料建的,也有现代钢铁材料建的;有雕梁画栋、极尽装饰的,也有简洁单纯、素面示人的。形成一个既有统一风格,又各有个性的桥梁建筑群,与两岸的建筑、景观浑然天成,美得震撼心灵。

第一部分/六　原来桥梁的色彩可以这样

▶西岱岛上的桥

　　欧洲还有一座以拱桥群著名的城市——布拉格。其中最有名的当属查理士桥（Charles Bridge）。该桥始建于1342年，全长515m、宽10m，由波希米亚出产的砂岩砌造而成，共有16座圆拱。像巴黎一样，在伏尔塔瓦河上，也曾建过悬索桥等桥型，但如今的17座桥，大多数为拱桥，个别桁梁桥由于变截面，也有着与拱桥类似的曲线。这些桥也是年代不同，风格各异，述说着跌宕起伏的历史，演绎着文化的传承与变迁，成为"金色的布拉格"的重要组成部分。下两图是扫描自利博尔·斯瓦切克《布拉格》书中的照片和作者2011年7月拍摄的照片。

▶《布拉格》中"金色的布拉格"

　　当然，美的桥梁建筑群并不都以拱桥为主。匈牙利首都布达佩斯的多瑙河上的桥就以悬索桥为主，锁链桥、自由桥、伊丽莎白桥等，或简或繁，或古或新，同样构成迷人的风景。还有德国莱茵河上的三座早期的斜拉桥，也是一个值得称道的桥梁群（图来自莱昂哈特所著《桥梁建筑艺术与造型》）。

▶多瑙河上的悬索桥

▶莱茵河上的桥梁群（莱昂哈特《建筑的艺术》）

  桥梁考虑群体效果并不意味着排斥不同的桥型，应该因地而异，因桥而异。对于大江大河上的大桥，每一座桥可能因其大而成为一道风景，桥梁之间相距也比较远，如我国长江下游地区，不存在考虑几座桥梁整体效果的问题。山区城市中，河流弯急，两岸山高，桥梁之间没有什么通视，不同的桥位地形地质和两岸的建筑都可能有很大的不同，都可能有各自合适的桥型。然而，在平原地带，在一条不宽的河流上有密度很大的桥梁群时，整体效果的考虑就是必要的。

（五）

回到颜色。桥梁的颜色是桥梁美学的重要组成部分。

其实何止是桥梁，颜色也是我们生活中的重要组成部分，如建筑物的外观，房间的内部装修，每个人的穿衣打扮都离不开对颜色的选择。选择得好，不仅美观，还会带来方便。比如上海的浦东国际机场，总体规划有四座航站楼，结构外形是一样的，先期建设了一座，近期又建成了一座。这两座航站楼均采用白色，从外观上极难区别。实际上，如果在颜色上做些变化，不仅有了美感，还便于人们识别。因第一座是白色的，第二座可以是红色或蓝色的，叫"白楼""蓝楼"，比起冰冷的1号楼、2号楼容易辨别多了，也让人感到温馨。当然，为了保持整体的一致性，颜色一定不能深、不能浓，淡淡的，有一点样子就可以，因为航站楼的体量很大，哪怕就一丁点的色彩，也是很容易看出来的。

福州的地铁线路有1号线、2号线、4号线等，在线路图上，其被用不同的颜色标出。但在实际线路上，却未见这些色彩被广泛使用。如果在站台、列车、换乘等标识中应用这些色彩进行强化，则更能强化线路给人的印象。

我在参观加拿大的一家设计所时发现，他们将不同部门分成不同颜色，各部门的文件可统一收纳于对应颜色的柜子中，非常方便管理。

所以，用好颜色，不仅限于桥梁。

后记：原文写于2010年4月5日，题目是《原来桥梁的色彩可以这样应用》，登于福建省精品课程《桥梁工程》网站上，被他人上传到了豆丁网。2012年1月29日进行了修改，后在《桥梁》杂志上登出，题目改为《原来桥梁的色彩可以这样》，内容也略有删减。

七 友之邦 心之桥

克罗地亚位于欧洲中南部,巴尔干半岛的西北部,西北和北部分别与斯洛文尼亚和匈牙利接壤,东部和东南部分别与塞尔维亚、波黑、黑山为邻,南濒亚得里亚海,面积约为 5.6 万 km²,人口 406 万(2022 年)。1991 年独立前它隶属于南斯拉夫。

2006 年起,我数次访问克罗地亚,参观了众多的桥梁,与萨格勒布大学共同组织了多次拱桥学术交流活动,与许多桥梁专家学者结下了深厚的友谊。

(一)啊,朋友再见

"那一天早晨,从梦中醒来,

啊朋友再见吧,再见吧,再见吧!
一天早晨,从梦中醒来,
侵略者闯进我家乡;
……"

《啊,朋友再见》是 20 世纪 70 年代在中国放映的前南斯拉夫电影《桥》的主题曲。歌曲既豪放有力,又委婉优美,成为当时中国青年人个个会唱、人人爱唱的歌曲。

电影中的桥以塔拉河谷大桥(如下图)为原型。该桥位于黑山北部(现黑山共和国境内)。这是一座钢筋混凝土拱桥,横跨欧洲最深的峡谷——塔拉河大峡谷,共有五跨,全长 366m。要用少量的炸药炸毁该桥并难以修复,游击队以靠在一边的主跨为炸桥目标。此桥主跨跨径 114m,桥面距河面 172m。要在强敌守位的情况下,在高高跨越深谷的桥梁上安装炸药并引爆,一次成功,炸桥任务十分艰巨。为此,游击队找到了一个工程师,他恰巧是大桥的设计者。经过一系列周密的安排和惊险曲折的斗争后,大桥设计师最终亲手炸掉了自己设计的桥。这个情节不禁让我们想起茅以升与钱塘江桥的命运。不同的是，参与炸桥的工程师拉扎尔·亚乌克维奇（Lazar·Jaukovic）在1944年8月被侵略者杀死在桥头。

▶塔拉河谷大桥

电影《桥》围绕着炸桥与守桥，敌我双方斗智斗勇，故事情节跌宕起伏，人物形象鲜明。该片由南斯拉夫波斯纳电影制片厂出品，哈依鲁丁·克尔瓦瓦茨导演，巴·日瓦伊诺维奇主演。

多年以后，伴随东欧剧变，南斯拉夫分解成克罗地亚等六个国家。虽然这些国家政体改变了，但我们与这些国家人民依然保留着一种特殊的友好感情。

2008年8月，在中国和克罗地亚两国政府间合作计划资助下，由克罗地亚萨格勒布大学和福州大学主办的第一届中国—克罗地亚拱桥学术研讨会在克罗地亚召开。会后参观了包括克尔克（Krk）大桥等该国一批代表性桥梁。

2011年7月，第三届中克拱桥学术研讨会再次在克罗地亚召开。由福州大学和桥梁杂志组团的一行28人参会。会后，再次组织大家参观克尔克（Krk）大桥等桥梁。当大家乘坐着快艇前往时，眼前蔚蓝色的海水闪着钻石般纯净的光，由两座拱桥组成的克尔克（Krk）桥，在海面上画出了两条壮观而优雅的弧线。虽然《桥》的原型桥梁在克罗地亚邻国的黑山境内，但我们的意识中克罗地亚、黑山等同属前南斯拉夫，因此，在克罗地亚朋友手风琴的伴奏下，大家一起唱起影片《桥》中那首脍炙人口的歌曲"啊，朋友再见……"。此情此景，令人难以忘怀。

多年以后，福州大学土木工程学院院长、意大利桥梁专家布鲁诺·布里斯杰拉告诉我，《啊，朋友再见》原为意大利民歌。它的原名是《Bella ciao》，ciao是意大利人打招呼用语，是再见、你好的意思，而Bella意大利语原意为"美人"或"美丽的"，并非"朋友"，因此，"Bella ciao"应译为"啊，美人再见"。电影《桥》将其作为插曲，根据电影的内容，译成中文就成了《啊，朋友再见》了。

▶2008年第一届中克拱桥学术研讨会克尔克桥参观合影　　▶2011年第三届中克拱桥学术研讨会克尔克桥参观合影

上述的两次参观，都是在大桥的外面，而2006年5月26日，我在萨格勒布大学土木系主任Savor教授的安排下，不仅乘船整体观赏了大桥的外观（如下图），而且在桥梁管理处负责人的带领下进入到克尔克1号桥的主拱内。克尔克大桥是为开发克尔克岛上的石油资源修建的，桥梁除通行车辆外，还要承载输油管线和供水系统。拱脚处的水平撑杆除了用于抵抗主拱的水平推力外，还可将输油管架于其中，之后通过引桥下具有铺砌的斜坡相连，一直通到陆地。

▶克尔克大桥全景

▶克尔克1号桥拱内照片

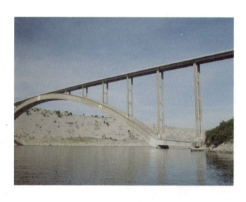 

▶克尔克1号桥水平撑与铺砌的斜坡

  站在拱内，望着没有横隔板、不断向上延伸的空间，我不禁感慨万分。当克尔克桥建成之时，我还在福州大学就读道路与桥梁工程专业。我记得在"桥梁工程"课程上讲到拱桥时，老师告诉我们南斯拉夫的克尔克1号桥跨径已达390m，而拱桥虽然是我们国家的主导桥型（当时），我们最大的跨径才150m（四川马鸣溪大桥），相差不止一倍。当时，南斯拉夫对我来说是那么的遥远，感觉克尔克1号桥是那么的遥不可及。我那时怎么也不会想到有一天，我能钻到这座桥的拱圈内，细细地观看，认真地学习。

  当结束参观回到大陆上时，我禁不住再一次回头，望着那壮美的大桥，《啊，朋友再见》，我的耳边响起那熟悉的旋律，心想我不定哪天又会来这参观。果然，如前所述，后面我们又有多次参观的机会。

（二）高超的桥梁建造技术

克罗地亚的国土形状像一只振翅飞翔在亚得里亚海边的大鸟，首都萨格勒布就是它跳动的心脏。其地形可分为三部分：西南部和南部为亚得里亚海海岸，岛屿众多，海岸线曲折；中南部为高原和山地，东北部为平原。气候依地形相应分为地中海式气候、山地气候和温带大陆性气候。克罗地亚拥有1700多公里长的海岸线，1185个岛屿散落在亚得里亚海沿岸及海中，克罗地亚因此被称为"千岛之国"，是欧洲最美丽的地方之一。

克罗地亚海岛众多，桥梁技术具有传统优势。他们不仅有举世闻名的克尔克桥，其实早在1966年和1967年就修建了跨径分别达246.4m和193.2m的西贝尼克（Sibenik）桥和帕（Pag）桥（如下图）。

▶Sibenik 桥

由于克罗地亚在20世纪90年代的独立战争中大量的桥梁遭受破坏，同时是前南斯拉夫经济较为发达的地区，独立战争后至今，一直在进行着大规模的以高速公路为主的交通基础设施建设，其中包括了数座大跨径的混凝土拱桥，如战后重建的新马斯伦尼卡（Maslenica）桥（主跨200m，1997年建成，如下图），克尔卡（Krka）桥［又称斯克拉丁（Skradin）桥，主跨204m，2005年建成］和塞蒂纳（Cetina）桥（主跨140.27m，2007年建成，如下图）。

第一部分/七 友之邦 心之桥

▶Pag 桥

▶马斯伦尼卡桥

全景

桥面系结构

▶克尔卡桥

全景

施工

▶塞蒂纳桥

　　克罗地亚的混凝土拱桥施工基本上采用无支架的悬臂施工法，其中克尔克桥采用预制构件的悬臂桁架法施工，其他的均采用斜拉悬臂浇筑法施工，在混凝土拱桥施工技术方面取得了很高的成就。如克尔克桥采用悬臂桁架法施工，仅靠了两台吊装能力各为10t的缆索吊机，就建成了当时世界上跨径最大的混凝土拱桥。又如，1966年建成的跨径达246.4m的西贝尼克桥，是较早采用斜拉悬臂浇筑法施工建成的大跨径的混凝土拱桥。在结构方面，克罗地亚的混凝土拱桥也不断创新，如2004年建成的跨径为204m的克尔卡桥，桥道系采用了钢—混凝土组合结构，整个结构的自重比跨径为200 m的原马斯伦尼卡桥减轻了35%。

　　迄今为止在世界范围内已修建的大跨径的混凝土拱桥的前25座中，中国占有8座，克罗地亚有3座，没有其他国家拥有2座以上的。因此，可以说克罗地亚的混凝土拱桥技术处于世界领先水平。

　　除了混凝土拱桥外，克罗地亚的其他桥梁建设也各具特色，以下几张图片给出了几个实例。这些桥根据桥位处的各种条件和建设需要，基于基本的桥梁设计原则，精心设计，并没有盲目地追求新奇的造型、跨径第一或技术创新，与环境相和谐，令人赏心悦目。

　　值得一提的是，1997年我国的万县长江大桥以420m的跨径超过了克尔克1号桥的390m。当我们到克尔克1号桥参观时，克罗地亚的朋友开玩笑地说，我们的390m算的是主拱靠水面的分叉点之间的距离，如果算到最底面，跨径与你们的420m差不多。我不清楚具体情况，笑了笑，没说什么。他们也没太在意，说说而已。

▶杜布罗夫尼克（Dubrovnik）斜拉-T构协作桥

▶马斯伦尼卡钢拱桥　　　　　　　▶某混凝土斜腿刚构桥

▶Sewer Domovinq 部分斜拉桥　　▶萨格勒布跨越萨瓦河（Sava River）的钢桥

　　回去查了一下，不觉得他说得有道理，克尔克1号桥的390m是计算跨径，分叉点以下只能算是基础，不能算作主拱结构，而我们的万县长江大桥的420m可是严格按设计规范以净跨径来作为拱桥的标准跨径，若以计算跨径计则不止420m。

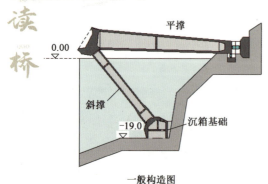
一般构造图

照片

▶克尔克 1 号桥圣马克岛侧的拱座与基础构造（高程单位：m）

然而，我们有多少人是那么地在意跨径，那么地需要第一。今天我们一些上承式或中承式的拱桥，说起跨径不仅不说净跨径，连计算跨径都觉得小了，往往拿桥面长度来当跨径宣传。如果这样算，我不知道克尔克 1 号桥的跨径要算多少。按我们一些人的思维，算水平撑末端间的距离是有可能的，这样它的跨径要在 390m 之上再加 3×33.5m，就是 490.5m，又超过我们许多桥了。好在他们不知道我们有这样的算法，不然他们问起来，我可不知如何回答是好。

中国的一些桥梁工程师一直怀着赶超包括克尔克 1 号桥在内的许多国外桥梁跨径的梦想，我们一路追赶，一直努力。今天，我们的桥梁技术成就已为全世界共知，已为国家经济社会发展作出了重要的贡献。我们仍要努力，不断创新，但我们是不是可以从容一些，是不是也可以不那么在意跨径，那么在意第一了？

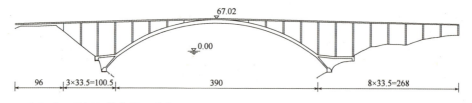

▶克尔克 1 号桥总体布置（单位：m）

（三）活跃的技术交流

克罗地亚不仅拥有丰富的建桥经验，在桥梁工程的教学、科研方面也成就突出。该国土木工程学科最强的当属萨格勒布大学的土木工程系，具有克罗地亚最先进的试验仪器与设备，主要进行克罗地亚科技部支持的相关项目的科研工作。学院已有八十余年的历史，著名的材料力学专家铁木辛柯曾在该校任教。

该系以拉迪克（Radic）、萨沃尔（Savor）教授为核心的桥梁工程学科，相当长时间内参与了几乎该国所有的桥梁建设与研究工作，掌握着大跨度混凝土拱桥的核心技术，如悬臂浇筑施工技术、RPC混凝土拱的研究等。2006年第一次到该校访问时，拉迪克教授送给我他的桥梁著作。这样一个小国，居然还有本国语言写作的桥梁专著，真是令人惊奇。更令我惊奇的是，"Mostovi"（桥）这个词似曾相识，与多少年前我在电影海报上看到过的"Most"（桥）那么的相近（如下图）。

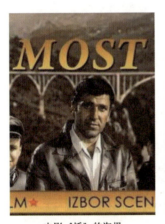
电影《桥》的海报

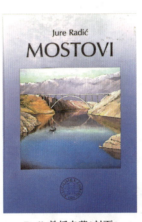
Radic教授专著1封面

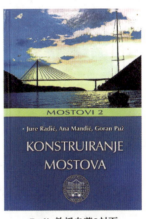
Radic教授专著2封面

▶ 《桥》的电影海报和《桥梁》专著的封面

克罗地亚地处东西欧交界处，国际交流活跃，经常举办国际学术会议。我参加的2006年国际桥梁会议、2010年的国际桥梁工程协会（International Association for Bridge and structural Engineering，IABSE）会议都在位于该国南端的克罗地亚宾馆召开。宾馆位于考沃特（Kavat）小镇，毗邻杜夫罗布尼克。杜布罗夫尼克建于公元7世纪，依山傍海，风景优美，是欧洲中世纪建筑保存比较完好的一座小城，1979年被联合国教科文组织列入世界文化遗产名录（如下图）。

拉迪克教授、萨沃尔教授等多次来华进行学术交流，对中国的桥梁技术成就有着浓厚的兴趣，对中国有着深厚的感情。2007—2009年萨格勒布大学与福州大学承接了中国—克罗地亚政府间合作计划"大跨度混凝土拱桥的研究"，于2008年、2009年、2011年分别在克罗地亚和中国召开了三届中国—克罗地亚大跨度拱桥学术研讨会（Chinese-Croatia Joint Colloquium on Long Arch Bridges，CCJC）。

▶克罗地亚宾馆与考沃特小镇

▶杜夫罗布尼克

第一届CCJC于2008年7月10日—14日在克罗地亚的布里俄尼岛（Brijuni）举行。60位来自中国、克罗地亚、意大利、捷克、斯洛文尼亚的专家、学者就大跨度拱桥的科研、设计与施工等开展了广泛的交流，正式出版了收录有41篇论文500多页的会议论文集。会议期间克罗地亚科学文化体育部国际与欧洲合作司负责人伊万娜·普尔伊奇（Ivana Puljizgc）到会表示祝贺并全程参加了会议。会后，克罗地亚国家电视台还专门采访了中国代表。

第一部分/七　友之邦　心之桥

值得一提的是，布里俄尼岛曾是铁托的行宫，位于萨格勒布南边，开车约需两个多小时。1949 年到 1979 年，铁托每年都有近六个月的时间是在岛上度过的。他不仅在这里度假，而且在这里工作，因此也可以说布里俄尼岛是前南斯拉夫辉煌时期的政治中心。

2008 年布里俄尼岛还未对外开放。因为我们的背景是政府间合作项目，且拉迪克教授曾担任过克罗地亚第六届政府副总理、克罗地亚科技部部长、重建和发展部部长等职，所开展的学术交流易得到政府的支持，第一届 CCJC 会议才有幸在布里俄尼岛上举行。这座风光旖旎、安静的小岛，真是召开学术会议的好地方。会议之余，大家继续学术交流，并扩展到文化、友谊各各方面，增进了彼此间的感情（如下图）。

拉迪克教授致开幕辞并作大会报告

会场一角

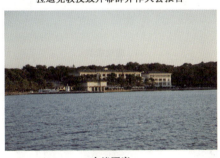
会议酒店

会后交流

▶第一届 CCJC 会议照片

布里俄尼岛属地中海式气候，雨量不多，气候温和。岛上花草丛生，很多植物都是铁托从亚非国家带回来的；岛上还是鸟的天堂，且有各国赠送的许多野生动物，最多的是麋鹿；岛上还有古迹遗址和铁托纪念馆。

第三届CCJC于2011年7月15—17日在克罗地亚首都萨格勒布召开。中国代表团30余位桥梁界专家学者出席了会议。本次会议的主题是"可持续的拱桥",与会代表就"新型拱桥的设计"与"既有拱桥的检测、维修与养护"两大主题展开热烈的讨论。会议出版了精美的会议论文集。期间,与会人员还参观了IGH公司的实验室,就各类实验设备与方法进行了交流。IGH是克罗地亚最大的土木工程公司(含设计、施工、科研等),2007年拉迪克教授出任该公司的CEO(但仍为萨格勒布大学的教授),桥梁工程学科由萨沃尔教授负责。

萨格勒布,克罗地亚首都,是克罗地亚的政治、经济、文化中心,也是克罗地亚全国最大城市、直辖市。它有着悠久的历史,几个世纪以来,一直是科学文化的中心,如今还成了该国的商业、工业的中心和旅游目的地。

鲜花盛开

麋鹿成群

古迹遗址

铁托纪念馆

▶布里俄尼岛上风光

Jure Radic教授致欢迎词

本文作者做报告

▶第三届 CCJC 会议

2010年在福州召开的第六届国际拱桥大会上,克罗地亚成功申办了第七届国际拱桥大会。在我的建议下,会议举办地选在该国的中部斯普利特(Split),于2013年10月2—4日举行。

第七届国际拱桥大会决定成立国际拱桥大会永久性学术委员会,通过了章程,决定将秘书处设在福州大学土木工程学院,由我兼任秘书长,负责日常工作和官方网站建设。

圣·马克教堂

圣母升天大教堂

▶萨格勒布市区景点

大会会场

尤雷·拉迪克教授主持开幕式

▶第七届国际拱桥大会

读桥

在本次大会上,为宣传中国木拱桥的技术与文化,福建省屏南县文化体育新闻出版局局长苏旭东代表该县为大会赠送了一个中国木拱桥模型。大会专门安排了一个单元,举行赠送仪式。赠送之后,模型在主会场展示,为各国专家学者了解中国木拱桥起到极好的直观效果。

▶赠送汴水虹桥模型

值得一提的是,本次大会100余名代表中,中国代表有40名左右,国外专家戏称参加会议代表只要分为中国人和非中国人即可。斯普利特不仅风景秀丽,而且古迹和名桥甚多,会后各国代表参观了罗马高架桥(Roman Viaduct),斯克拉丁桥和马斯伦尼卡桥。

▶斯普利特风景与技术参观

（四）再见，涅姆边检站

克罗地亚亚得里亚海海岸南部的末端非常狭窄，其中还有一小段被波黑的涅姆（Neum）所中断，使其南端成为一块飞地。克罗地亚走陆路从北部到达南部，需要经过波黑的涅姆。

2006年5月24号，我们结束了在杜夫罗布尼克的会议，萨沃尔教授开车带我沿着世界级的最美公路——8号公路，在迷人的亚得里亚海海岸边，一路向北前往萨格勒布，途中就经过了涅姆边检站。坐在车上，欣赏着亚得里亚海岸的美景，心情非常愉悦。

关于这一段海岸线，网络上有各种的说法。有的说，前南斯拉夫解体时，克罗地亚将这段24km的海岸线拱手相让给波黑；有的说是强势的克罗地亚发善心让给它一小段海岸线；也有的说是波黑硬从克罗地亚手中抢过来的。实际上，这样的划分是有历史法理依据的。

这一段处于克罗地亚的达尔马提亚（Dalmatia）地区。在古代它是一个小公国，因地理优势，一直以来都是列强必争之地。达尔马提亚的南部有一个叫拉古萨的地方，拥有相对独立的主权，17世纪达尔马提亚被威尼斯掌控后，它还保留有较大的独立性。为了避免被威尼斯全面统治，就把北部一小块土地（即涅姆）让给了控制其以北地区的奥斯曼帝国，奥斯曼帝国将其归于波斯尼亚省（今波黑）管理，这就是波黑拥有这段海岸的历史法理依据。今天的达尔马提亚，它的首府斯普利特，就是第七届国际拱桥大会的开会地点。它是克罗地亚历史名城、第二大城市。

涅姆的存在，将克罗地亚南部国土一分为二，给当地交通、生产和生活带来极大的不便，也不利于国土的安全。因此，他们决定修建一座大桥，从北面的陆地跨过小斯通湾，连接到南面的佩列沙茨半岛。这样南北的交通不再需要经过涅姆，同时可为佩列沙茨半岛居民到大陆上提供极大的便利。

▶ 克罗地亚 8 号公路沿途风光

▶ 佩列沙茨半岛海岸景观

当我在萨格勒布大学进行学术交流时，他们就介绍了这座大桥的设想，还给我许多相关的资料。由于大桥横跨涅姆港的出港水路，波黑政府对桥的高度提出较高的要求。不过实际要求好像也不是很高，如果是我们的航道部门，可能会要求一跨而过、水中不许立墩，至少主航道上不许立墩，说不定还为产生桥梁跨径新的世界纪录创造条件。

据说2007年开始，他们就计划修建佩列沙茨大桥，但因资金和政治争议，迟迟未能动工。直到2018年才终于开工。由中国路桥公司牵头的中国企业联合体中标。大桥全长2440m、宽22.5m，为六塔中央单索面钢箱梁部分斜拉桥（如下图）。2022年7月大桥建成通车。

▶佩列沙茨大桥

从此，克罗地亚南北通行就不必再经过涅姆边检站了。再见，涅姆边检站。

但2006年当我经过此地，得知他们要修建佩列沙茨大桥时，怎么也不会想到这与中国有关。改革开放以来，我们的国力不断增强，我们的建桥技术不断提高，我们桥梁人怎么能不为此自豪，怎么能不为此骄傲呢！

然而，我们要保持清醒的头脑。当我们与小国相比时，我们一定要注意小国与我们的差距，是由体量、规模造成的，还是由实力造成的，我们要考虑人均的因素。俗话说瘦死的骆驼比马大。以桥梁为例，俄罗斯拥有世界上跨径最大的斜拉桥——俄罗斯岛大桥，而许多小国连300m跨径的斜拉桥都没有，我们就能确定地

说俄罗斯的桥梁实力强于他们吗？另外，我们许多人还停留在跨径崇拜上，跨径能说明问题，但不能说明一切问题。俄罗斯有了俄罗斯岛大桥，我们也没有谁觉得他们的桥梁实力一定超过我们。

无论如何，我们不能止步，我们要继续努力。

记得那年在途中休息吃饭时，萨沃尔教授对当地的桥梁专家介绍我时说：这是陈宝春，来自中国一个不大的城市——福州，那个城市的人口只比我们国家多几百万。说得大家都笑起来。

但是，当四年一届的世界杯足球赛来临时，这个人口比福州人口少的国家，往往能打入决赛、半决赛，2018年获得亚军，1998年、2022年获得季军，令人刮目相看，许多国人也因为足球而开始了解克罗地亚。

我们挥手向涅姆边检站说再见的同时，我们也要挥手向佩列沙茨大桥说再见，我们要继续努力，我们要不断前行。

古希腊哲学家赫拉克利特（前540—前480）曾说过："人不能两次走进同一条河流。"事物没有稳定存在的动态，永远处在变化之中。列宁称他是"辩证法的奠基人之一"。每次我访问亚得里亚海湾沿岸的克罗地亚，欣赏着那蓝色的大海，感触那悠久的历史，品味那深厚的文化，拥抱那友好的人民，都有新的收获，新的体验。最近三年，因为特殊的原因，我们的交流受到了影响。我什么时候还能再听见亚得里亚海的涛声！

啊，朋友再见；

啊，友之邦，心之桥；

期待着我们早日再相见。

后记：本文写于2023年8月，原名《啊，朋友再见》，2024年刊登于《桥梁》总第117期，并被2024年3月31日出版的《福建理工大学学报》全文转载，刊登时内容有较大的删减。此次以原文刊出。

有一座大桥　名为4月25日

桥梁的名字，有的就是一个符号，有的则耐人寻味。新加坡城中最早跨越新加坡河的桥，连接着最早的一条大马路，故称为"大马路桥"。有了这座桥，它北面的大马路就成为桥北路，南面的则是桥南路。路与桥的名字，如此循环，令人回味。法国巴黎城区的塞纳河上有34座桥梁，现在修建年代最早的一座，名为"新桥"。因为，它刚修时，人们喊它为"新桥"，沿袭至今，而其他早于它修建的，后面都已重建了。

桥梁的名字如同桥梁的内在结构与外在形式一样，丰富多彩。有的以桥梁的实际或意象的外形命名，如江苏扬州瘦西湖上的五亭桥、浙江杭州西湖上的断桥；有的以当地的名人命名，如葡萄牙波尔图的玛利亚·皮亚桥和路易一世大桥；最普遍的是以所跨越的河流加所在的地理位置命名，如江苏的南京长江三桥、福州青州闽江大桥。至于线路上的一些中小桥，有时直接用所在道路的里程来命名。但以日期来命名的桥梁却不常见，如葡萄牙里斯本的4月25日大桥（Ponte 25 de Abril）。这座桥位于市区，跨越特茹（Tejo）河，为主跨1012.9m的悬索桥。初见此名，我以为4月25日是大桥开工、竣工或其他与桥梁建设有什么关系的特殊日子。其实不然，它与桥梁建设的时间无关。

（一）4月25日桥名的由来

里斯本是葡萄牙的首都，史前就有人类定居。1147年，葡萄牙第一代国王阿方索一世夺取了里斯本。1245年，里斯本成为葡萄牙王国的首都和贸易中心。特茹河是葡萄牙最大的河流，它流经里斯本的南部进入大西洋，在其入海口处有葡萄牙最大的港口，港区延伸14km，葡萄牙全国60%的进出口货物在这里装卸。特茹河南岸是葡萄牙的重要工业、商业、政治与文化中心，长期以来，

读桥

由于缺乏大桥，南北两岸的交通极为不便。早在 1876 年，葡萄牙工程师米格尔·帕里斯（Miguel Paris）就对其进行了研究。此后又有过许多建设的建议。然而限于当时的条件一直未能开建。到了 20 世纪 50 年代，修建特茹河桥的计划被提到了议事日程。由于河面较宽，地质条件复杂，水上交通繁忙，悬索桥成为唯一可选择的桥型。大桥于 1962 年开工建设，1966 年 8 月 6 日建成通车。

大桥的主桥是三跨悬索桥，加上边上三个小跨，全桥有 6 跨，跨径组合为 98.6m + 483.4m + 1012.9m + 483.4m + 2×99.7m。主塔为钢桥塔，中跨主缆的垂度为 106.5m，垂跨比 1/9.5。每根主缆由 37 股钢丝索组成，每股为 $304 \times \Phi 4.98mm$ 的平行钢丝组成。两主缆的中心距为 23.5m。加劲梁为华伦式钢桁架，高 10.67m。

▶特茹河桥的三跨悬索结构

大桥建成时，以当时葡萄牙的独裁统治者萨拉查（Salazar）命名，称为萨拉查大桥。1974 年 4 月 25 日，革命者采用和平方式发动了军事政变，推翻了萨拉查的独裁政权，实现了葡萄牙的自由民主化。在政变期间，军人的枪管上插康乃馨花，表示枪并不准备用于射杀，因此这场革命被称为"康乃馨革命"（Revolução dos Cravos）。如今 4 月 25 日是葡萄牙的自由日（Dia da Liberdade），每年的这天人们走上街头，或手持或头戴康乃馨，参加盛大游行，以作纪念。

实际上，革命者事先并没有准备康乃馨，也没有计划用鲜花来点缀革命，而是充满人情味的里斯本群众，自发地从里贝依拉广场花商那里搬来成捆成捆的康乃馨，把这些最平常的鲜花插在战士的枪口和衣领上，也插在自己的衣扣和头发上。

康乃馨（cravo），分布于欧洲温带以及我国的福建、湖北等地。1907年起，开始以粉红色的康乃馨作为母亲节的象征，故如今常被作为献给母亲的花。康乃馨为石竹科石竹属的植物，又叫石竹花。因此，葡萄牙的这场革命，也被称为"石竹花革命"。康乃馨花色丰富，然而并不艳丽，也无芳香。不过，这种温馨而普通的花朵，却因了这些具有浓厚民主思想和富有人情味的民众，伴随着这场革命，而走进了历史。

顺便指出，在葡萄牙语中，丁香调料也称为克拉沃（Cravo），某网络百科将葡萄牙4月25日的革命称为"丁香革命"，显然是将"Cravo"误译成调料的丁香了。网络上一些游记或旅游网站，也多有"丁香革命"的说法，也许是受了该网络百科的误导。

为纪念"康乃馨革命"，萨拉查大桥改名为4月25日大桥。由于可知，该桥是以重大事件命名的。实际上，以重大事件命名的大桥数量不少。在20世纪，打败日本侵略者、新中国成立是我国的两大历史事件，全国有众多的受降桥、解放桥，就是突出的实例。当然我们也有以历史事件发生的日期来命名大桥的，如江西南昌的八一大桥。只不过在汉语语境中，通常直接用日期的数字，而没有把"月""日"带上。八一大桥原桥称为"中正桥"，始建于1936年，1995年在原桥上游50m处建一新桥，1997年建成，取名八一大桥，以纪念南昌起义。

到了今年（2024年），葡萄牙"康乃馨革命"已发生50周年，该国计划了一系列的纪念活动。年初许多地方的狂欢节均以此为主题。人们戴上绿帽子，帽子上有一根类似枪管的塑料管，管上插上康乃馨，参加游行。当地的华人不喜欢绿色的帽子，还可以向主办方提出要求，改戴蓝色的帽子。此外，还有一些人，装扮成军人，重现当时的情形，以为纪念。

▶葡萄牙"康乃馨革命"纪念活动

(二) 欧洲最大的美式悬索桥

20 世纪 50 年代末，为特茹河桥进行的设计、施工的国际竞标，由包括美国斯坦因曼（Steinman）设计咨询公司、美国钢材出口公司等组成的联合体中标。桥梁方案为典型的美式悬索桥，加劲梁采用桁高达 10.7m 的钢桁梁，从南锚碇到北锚碇为连续结构，全长 2277m，两端设滑动支座，与桥塔之间不固结。桥下通航净高要求 70m，所以桥面较高，桥塔也相应较高，达 190.5m。大桥从结构形式到外观颜色，都与美国的金门大桥相似。

当年，弗里茨·莱昂哈特（Fritz Leonhardt）团队也参加了特茹河桥的国际竞标，可惜没有中标。他后来成为欧式悬索桥的创始人之一。在 1940 年美国塔克玛大桥（主跨 853m）在 19m/s 风速作用下突然倒塌之后，各国学者开始大力研究桥梁风致振动的问题。莱昂哈特提出采用流线形扁平钢箱作为加劲梁以减小风的作用，而不是继续采用桁梁通过加大其刚度来解决风振问题的思路。1964 年英国塞文桥（Severn Bridge）首先选用流线形扁平钢箱梁，增大了桥梁抗风性能和抗扭刚度，且用钢量少，维护方便，得到推广。这种桥型后被称为英式或欧式悬索桥。

塞文桥的设计始于1946年，主跨987.5m，承接设计任务的英国咨询公司，同时承接了福斯桥（Forth Bridge）的设计。当1960年他们返回头来设计塞文桥时，工程师吉尔伯特·罗伯茨（Gillbert Roberts）开展了风洞试验，根据试验结果，决定加劲梁采用机翼状的断面，类似于莱昂哈特提出的流线形扁平箱。主梁高仅3m，大大减轻了加劲梁的自重，也减少了加劲梁的材料用量，带来了明显的经济效益，渐成现代大跨度悬索桥的主流桥型。塞文桥于1966年建成通车。此后，英国建成了亨伯桥（主跨1410m），丹麦建成大贝尔特桥（主跨1624m），欧式悬索桥在欧洲达到了巅峰时刻。

虽然塞文桥建成后由于交通量激增等原因，15年之后便进行了翻新，并在1985—1991年之间进行了所有吊杆的更换、桥面的维修加固和桥塔的加固，然而，它因其为第一座采用流线型扁平钢箱加劲梁，而载入桥梁史册。相比之下，同时期修建的葡萄牙4月25日大桥仍采用美式悬索桥，错失了青史留名的良机，致使迄今仍有一些欧洲桥梁工程师对此耿耿于怀。

不过，钢桁梁作为加劲梁直至今天仍在悬索桥中得到大量的应用。在我国，山区中的悬索桥常由于其对地形、地貌、运输、安装方法的灵活性而被选用。此外，它可充分利用截面空间提供双层桥面以实现公铁两用或多车道布置。实际上，4月25日大桥设计时就提出了预留通行火车的要求，钢桁梁设计时两端留有开口，1999年在下层增加了两线铁路轨道，上层的四车道拓宽为六车道。从计划作为公铁二用桥的需求出发，当时采用钢桁梁的设计也许是合理的。

在改造中，左右各增加了一根辅助主缆，使该桥成为四主缆的悬索桥，但并未像有些专业书籍介绍的将上下层钢桁架更换为钢箱梁。

▶4月25日大桥下层的两条铁路轨道

▶4月25日大桥改造后的四主缆悬索结构

▶4月25日大桥钢桁架

（三）技术之外

4月25日大桥虽然在技术上并无太大的创新，但它的名字为其增色不少。对于葡萄牙人来说，将它与"康乃馨革命"这一重大的历史事件联系起来，相得益彰，互为宣传与纪念；也吸引了世界各国的人们对这一事件和这座大桥的好奇与关注。

同时，大桥的南岸是里斯本最美的地方，历史建筑众多，游人如织，在世人的相册中留下了许多倩影。相比之下，塞文桥位于英国的布里斯托，知名度就小许多。那一年受西英格兰大学邀请，我们前往布里斯托访问讲学，学术交流之余提出要参观一些桥梁。接待我们的土木系老师说：知道你们想参观克里夫顿（Clifton）悬索桥。当我们说还有一座在近代悬索桥技术发展史上有着极其重要意义的塞文桥时，居然不为所知，当然更不用说是普通民众了。

我们当然参观了克里夫顿桥。它横跨埃文峡谷（Avon Gorge），主跨214m，桥高75m，早期大跨径悬索桥之一，是一座世界名桥。大桥的修建，源于1754年布里斯托一位葡萄酒商人的一个梦想，并留下了要建造一座跨越河谷大桥的遗言。1829年的第一次设计竞标由当时著名的工程师托马斯·特尔福德（Thomas Telford）主持。他对所有设计方案均不满意，并提交了自己的方案。然而，宣布自己的方案为竞赛的获胜者显然不合适，因此于1830进行了第二次竞标活动。在这次活动中，年仅24岁的天才工程师布鲁内尔（Brunel）成为胜出者，并被任命为该工程的项目工程师，这也是布鲁内尔第一项重要的工程任务。

大桥于1831年奠基开工，但由于政治与经费的原因，到1843年在仅完成了两个桥塔之后，被迫停工。布鲁内尔英年早逝，1859年逝世时年仅53岁。大桥最终于1864年完工通车，成为对他最好的纪念。大桥建成以来已成为该市标志性的建筑和重要的文化遗产，吸引着世界各地的人们前往参观。当时设计用于人行和轻型马车的悬索桥，一百多年后的今天，每天还通行着万辆以上的现代汽车，发挥着重要的交通作用。该桥计划近期进行大修，已服役160年的大桥，还无退休的打算。

我们参观时正值春天，首先来到桥的远处适于赏桥的悬崖边。这里游客众多，但由于雾气濛濛，只能隐约看到它的轮廓。之后，我们驱车前往大桥参观，天气也渐渐放晴，桥上游客更多。当我们返回悬崖边时，它的芳容则清晰可见。

随后，我们也如愿以偿地参观了塞文桥。它远离市区，处于交通要道上，虽设了人行道，几无行人，更无游客，要找个位置从侧面拍摄桥梁都极为困难。那天，我们好不容易在附近的一座小山上才拍了一张有点样子的桥梁照片（如下图），但与4月25日桥、克里夫顿桥的照片，当然无法相比。

▶雾后的克里夫顿桥

▶塞文桥

4月25日大桥不仅因为桥名让它增色不少，它所在的特茹河南岸，是一条宽阔的市民与游人休闲与观赏的地带，更使它的周围游人如织。贝伦塔、航海纪念碑、庞包尔广场分散其间，与4月25日大桥一起构成了优美的画卷。

贝伦塔建于16世纪初期。塔前的热罗尼莫斯修道院（如下图），是流行于16世纪初期的曼努埃尔式建筑的典型，气魄宏伟，雕刻华丽。

第一部分/八　有一座大桥　名为4月25日

▶贝伦塔

▶热罗尼莫斯修道院

附近的航海纪念碑，造型优美，宏伟壮观，远看好像航行在碧波万顷中的巨型帆船。碑上的浮雕，再现了当年葡萄牙航海家周游世界、搏击风浪的英雄壮举。

广场地面上有一幅巨大的世界地图（如下图），清晰地标出了葡萄牙航海家远航世界各地的年代、地点和航线，使游人对葡萄牙航海史一目了然。

特茹河边不仅适于游玩，也适于发呆。傍晚，出海口方向夕阳慢慢落下，晚霞映红了天边，余晖倒映于水面，波光粼粼，皮划艇从水面快速驶过，海鸥展翅飞翔（如下图）。宁静安详，岁月静好，我倚在栏杆，望着特茹河静静流淌的河水，思考着桥梁的取名、交通功能及其衍生的其他功能、技术成就、历史地位、文化内涵、在业界和大众中的知名度等相互之间的关系，对4月25日桥、塞文桥、克里夫顿桥等进行方方面面的比较。

▶航海纪念碑

▶广场图画

▶特茹河与海鸥

  此时，一艘快艇驶过4月25日大桥，拖着长长的"白练"，打破了水面的平静（如下图）。发呆也该结束了，桥梁技术方案的比较有时尚难分出伸伯，更何况考虑到文化的因素，而且，事物都是相对的，非要分出个孰优孰劣也许并不必要。

▶4月25日大桥下的快艇

  后记：本文初稿写于2009年6月，后经修改和删减刊于《桥梁》2024年第3期。此次刊出新增了个别图片。

第二部分　诗与桥梁

九　现代桥梁与现代诗／113

十　唐诗与桥梁／124

十一　宋诗与桥梁／144

十二　春天里的随想／161

十三　双螺旋桥／162

九　现代桥梁与现代诗

20世纪是现代桥梁迅速发展、突飞猛进的世纪，如果说世纪初现代桥梁还是步履蹒跚，仅出现一些跨径和工程规模都不是太大的悬索桥和钢筋混凝土桥梁，那么到了20世纪30年代，美国旧金山金门大桥的出现，一下子就创下跨度为1280m世界桥梁的纪录，而后所谓超级桥梁，无论是悬索桥或斜拉桥跨径之大，愈演愈烈，风起云涌。例如，世界瞩目的日本明石海峡大桥1998年又创下1991m的悬索桥新的世界纪录（如下图）。

▶美国旧金山金门大桥

▶日本明石海峡大桥

大跨径现代桥梁的记录是衡量各国的桥梁技术力量和综合国力的标志。所以，当前世界上正在上演一幕精彩的"超级桥梁大战"。

有趣的是，不仅是桥梁学者和工程师关心现代桥梁的发展，那些现代诗人也纷纷把关注的目光投向现代桥梁。但他们关心的不是桥梁跨径大小和桥梁有多长，他们关注的是现代桥梁和现代诗歌之间共有的现代意识和审美取向。他们有的把现代桥梁演绎成为现代社会的一个缩影，反映当代社会，尤其是西方社会现代文明的危机意识，人的异化与扭曲并由此产生的精神创伤；有的借托桥梁以具象，抒发岁月易逝，人生如梦的感叹；有的则以桥梁为象征，隐喻表达某种心灵的震撼和对某种理想的追求。

艾略特，英国诗人、剧作家和文学批评家，1922年发表的

《荒原》为他赢得了国际声誉，被评论界看作20世纪最有影响力的一部诗作。1948年获得诺贝尔文学奖。这首《荒原》长诗以不同的经验、场景、典故、引话、片段、对话组合在一起的结构和叙述方式，不同于以往的所有诗作。它以深刻的危机与超越意识去沉思西方文化的困境与出路，展示出一个失去神性之世界的本真状态，在没有神性的世界中，西方文明已全面堕落为干涸碎片，世界之夜弥漫着黑暗。

艾略特笔下的伦敦桥：

虚幻的城市
冬晨的棕色烟雾下
人们涌过伦敦桥
那么多人
我想不到死神毁了那么多人
时而吐出短促的叹息
每个人眼睛看定脚前
涌上山沿着威廉国王大街
走向圣玛丽·乌尔诺斯教堂敲钟的地方
钟敲九点
最后的一声死气沉沉

这是《荒原》第一章部分章节。"冬晨的棕色烟雾中/人们涌过伦敦桥/那么多人/我想不到死神毁了那么多人。"

▶伦敦桥

这后两句实际上是对但丁的《地狱》第三节中诗句的引用，而这种引用使现代都市社会骤然与"中世纪的地狱"叠合在一起，或者说使伦敦成为"地狱"的现代映射。使失去了精神信仰和生活目标的现代人如同地狱的鬼魂一样，茫然不知所措。这就是艾略特的策略："通过再现其他人的声音，找到自己的声音。"（彼特·阿克罗伊德《艾略特传记》）。

同样是写桥，美国著名诗人哈特·克莱恩的《致布鲁克林大桥》可以与艾略特笔下的伦敦桥对照来读，其主题思想则迥然不同。克莱恩的长诗《桥》是由1个序曲和8个部分（共15首诗）组成，《致布鲁克林大桥》乃是《桥》组诗的序曲。

哈特·克莱恩是与艾略特同时代的人，被公认为美国极具独创性的诗人之一，而单行本的长诗《桥》又被认为是他最高的成就。

在克莱恩的笔下，这座跨越纽约伊斯河上的布鲁克林大桥不仅是辉煌的实体，更是美国的象征。诗人把整个美国从开端到未来凝聚在铿锵有力、满怀激情的句中，极力表现一个民族巨大力量和蓬勃向上的强壮生命力。在诗歌结构上，克莱恩明显借鉴艾略特的布局，但又将艾略特悲观主义的追问、质疑转化成明朗的颂歌基调，使这首诗在主题思想方面和《荒原》的悲观主义形成鲜明的对照。

诗人把布鲁克林大桥作为人类文明、机器文明的象征，以一种近乎狂喜的热情，讴歌他心目中的历史和精神意义上的美国：

> 而你，跨越海湾，以银质的步伐，
> 就像太阳以你的脚步行走，
> 在你的跨步中留下某个未曾做出的动作——
> 你的自由本身将你羁留。
> 哦，竖琴与祭坛，狂怒所熔铸。
> 单凭劳累如何能绷直你合奏的琴弦？

作为一个象征主义的诗人，他努力调动象征、隐喻和比喻等一切艺术手段，描绘布鲁克林桥从清晨到夜晚紧张繁忙的景象，以及纽约火树银花的不夜天。

读桥

  车灯的浮光掠影再次浏览,
  你急速而完整的语言,群星的纯洁叹息,
  用珠子串起你的小径——凝聚永恒:
   我们见夜晚擎在手中。

▶布鲁克林大桥

  这里把布鲁克林大桥上川流不息的车灯说成"用珠子串起你的小径",生动而又贴切;再如把纽约市高楼大厦和街道上华灯初上的美景说成"城市中火红的红包全打开",给人一种礼花在夜空中绽开的美感。

  靠近桥墩,我等在你的阴影下,
  只有在黑暗中你的影子才清晰。
  城市中火红的红包全打开,
  大雪已淹没铁的一年……

  而最让人陷入迷思的是海鸥的形象:"神奇得犹如船帆穿过某一页归档的数字。"海鸥在斜翅飞翔,船帆在穿越波涛,这两个形象都在"动",正是这一个"动"字的交叉点上,所以海鸥就像船帆在穿越……。"归档"可理解为海鸥飞逝看不见了,当然,既然是"归档"则又可能再次出现。

  这首诗充分体现了诗人丰富的想象力和高超的语言驾驭能力,布鲁克林大桥在诗人的心目中是"神话"一样存在,所以他在句末中"用曲线把神话献上帝"。

再来看看我国著名诗人写的桥梁。

覃子豪，1953 年创办"蓝星诗社"，并编辑《蓝星周刊》，提倡现代诗的写作，对台湾省现代诗的发展发挥了重要作用。他有一首《过黑发桥》，被誉为"超越象征主义"的代表作：

> 佩腰的山地人走过黑发桥
> 海风吹乱他长长的黑发
> 黑色的闪烁
> 如蝙蝠窜入黄昏
>
> 黑发的山地人归去
> 白头的鹭鸶，满天飞翔
> 一片纯白的羽毛落下
> 我的一茎白发
> 落入古铜色的镜中
>
> 而黄昏是桥上的理发匠
> 以火焰烧我的青丝
> 我的一茎白发
> 溶入古铜色的镜中
> 而我独行
> 于山与海之间的无人之境

这是一首关于"生命—死亡"的诗，一座小小的桥浓缩了人的一生。诗歌中先后出现"山地人"和"我"两个人物，实则"山地人"就是"我"，全诗十分巧妙地以"山地人"的旅程为线索，贯穿人从青年到老年的一生。

"佩腰的山地人走过黑发桥"是旅程的开始，也是指"山地人"（"我"）经历的年青岁月，"海风吹乱他长长的黑发"，这完全是一个年轻人的形象，"如蝙蝠窜入黄昏"这表明"山地人"（"我"）也渐渐走过年轻的时候，开始步入人生的老年。

"黑发的山地人归去"，旅程还在继续，但这是衰老的"山地人"的返程。"白头的鹭鸶""一片纯白的羽毛落下""我的一茎

读桥

白发""落入古铜色的镜中"这些形象都指向"山地人"的衰老,那么,是什么样的旅程,能使人从"黑发"走到"白发"呢?是人生,是岁月。这里"古铜色的镜"比喻桥下被夕阳映照成古铜色的河水,"黄昏"也代指"岁月",把"岁月"比喻成"理发匠",它"以火焰烧我的青丝",使"我"变得衰老。

但这首诗写的并不悲观,反而表现诗人的旷达乐观,而且具有很浓的哲理意味。

> 港在山外
> 春天系在黑发的林里
> 当蝙蝠目盲的时刻
> 黎明的海就飘动着
> 载满爱情的船舶

人生代代无穷已,新生的一代佩腰的山地人,走过黑发桥开始迈向新的旅程。这里的"黎明"象征循环,即象征着再生。这样诗人就完满地完成年轻—衰老—死亡—再生的主题。而说到底,我们自己的生活岂不也在古老的命运循环之中吗?

下面我们将要读到诗人番草(1914—2012,即后来闻名于我国台湾文坛的钟鼎文)的《桥》。这是另外一种形态的桥,20世纪30年代,中国现代派诗勃然兴起,"年青的象征派诗人戴望舒,摆脱了初期象征派和新月派诗歌双重光影的笼罩,由艺术的徘徊走向艺术的自立,他因此成为一个新的诗歌潮流的领袖人物",番草、江帆、南星、吴奔星等人是主要骨干。[加引号部分引自《中国现代诗歌艺术》(孙玉石,北京大学出版社,2010)]

桥

> 灰白色的宽阔的天后宫桥下,
> 灰黑色的沉默的苏州河在流着;
> 我们这悠久的生命下,
> 疲倦了的时间在流着……
>
> 日子是水一般地流去,流去,
> 问不了哪些是欢乐;哪些是苦恼,

剩下来的,是这坚固的肉体,
立在时间的上面,如像是桥。

如像桥,在水面上浮着的映影,
我们的生命也有脆弱的灵魂;
这生命底影响,浮在时间的浊流上,
随浊流的动荡不住地变形。

这首诗写的是生命的流逝,诗人站在上海天后宫桥下,望着苏州河灰黑的沉默水流,感悟了生命与流水在内在精神上的同一性。流水象征着生命,桥也象征生命。这里,桥和流水是联系在一起的,桥是诗人跳出流水审视它的视角。

▶上海天后宫桥

他知道生命像沉默的流水一去不复返,但生活的路还很长,何必为那不可挽回的欢乐和苦恼而叹息?他还年轻,他有"坚固的肉体",他还能长久地置身在流水(生命过程)之间,像那桥一样!"疲倦了的时间在流着"。桥,日日夜夜承受着流水的冲刷和侵蚀。它(桥)投在水上的影子是随流水形态而变幻的,诗人正是抓住这一特征,以此象征生命中总会有的脆弱、变形、彷徨和不安。但诗人没有对这种脆弱明确地否定,因为他知道这是人的宿命,是生命中的必然,只是,诗写的有些感伤的意味。

读桥

既然一切都是命定的，那么，由它去吧！最重要的是活着，像桥一样肯定自己"坚固的肉体"。所以，诗的最后一段，就写得稍轻松和自信：

> 让时间带去往日的恋吧，
> 让时间带去欢乐与苦恼吧……
> 在时间的上面，是这坚固的肉体
> 立着，而又叹息着，如像是桥。

这首诗，就诗艺而言，显然是受了戴望舒《雨巷》的启发，《雨巷》最初为人称道，一个重要的方面是它的音节优美。叶圣陶盛赞这首诗"替新诗的音节开了一个新的纪元"。番草的诗《桥》亦然。《桥》中表现主调的句子一再出现，"疲倦了的时间在流着""日子像水一般地流去""苏州河在流着"，这些句子的出现不仅加强了全诗的音乐感，同时加重诗人对生命流去的感喟与彷徨；为了强化全诗的音乐性，在相邻诗节尾和另一节开端让同样的字句更迭相见——"如像是桥""如像桥"，这种语言上的重见、复沓，像交织一起抒情乐句反复一样，听起来悦耳、和谐，又加重了诗的抒情色彩。

读着这样富有乐感的诗歌，有"似曾相识"之感，如果我没有记错的话，那应该是法国诗人阿波利奈尔的《米拉波桥》，阿波利奈尔继承19世纪波特莱尔的象征主义，是开创20世纪新局面的划时代人物，这样，我们就为番草、戴望舒找到这类诗的源头了。

最后，我们读读两位中国现代诗人的诗篇。一位是黎焕颐的《题南浦大桥》，上海的南浦大桥（如下图）与杨浦大桥是中国桥梁史上的里程碑。这两座大桥的建成标志着中国当代桥梁跻身世界先进的行列。南浦大桥建设在先，而杨浦大桥则稍后一些时间建成。南浦大桥采用斜拉桥结构形式，主梁为预应力叠合梁。实际上，1991年南浦大桥建成时，其423m的跨度在同类结构上是世界第一，还不是诗中说的"远东第一"，当然，这不是本文话题。令人激动的是，诗人并不满足对一座宏伟大桥的表象描绘，而是用淋漓尽致的笔墨，纵横恣肆地表现了中国经历了百年沧桑之后终于迎来了历史性的飞跃，情思在广阔的时间和空间飞腾，表现出当代人能够把握自己命运的自信和胸怀：

> 二十一世纪的领主正涉水而来，
> 选择臂力千钧的橹手……
> 江风如火，江涛如斗，
> 水天苍茫，浪激飞舟，
> 你我饱经风霜的岁月，
> 亦如大桥经过冶炼的结构，
> 在此岸和彼岸、昨天和今天
> 之交，焊接断裂，承前济后。

诗人不仅巧妙地化用唐人、宋人的诗句，挥洒自如，独出己意，还把往昔的历史沧桑和今日辉煌成就并置在一起，让人对未来有新憧憬：

> 桥上桥下，车水马龙，
> 渡不尽滔滔如沸的人流，
> 渡不完声声汽笛的嘶吼，
> 却巧渡了历史的内伤——
> 黄浦江给上海人的鸿沟……
> 可不是？一百年来
> 浦东目羡浦西，
> 有如现在抚着国际饭店，
> 仰睹波特曼的玲珑剔透。
> 浦西岸视浦东，
> 亦如眼前登上南浦大桥
> 俯视外白渡桥的斑驳老锈。
> 一湾之隔，俯仰了一百年啊！
> 一百年人情世态的肥瘦，
> 烟波江上耐人愁……

这首诗，诗风豪放，张弛有度，诗句锵然，气势磅礴。从一座大桥的胜利建成，反映出20世纪90年代上海快速崛起的一个侧影。

▶南浦大桥

另一首则是著名诗人徐迟的《北海大桥》，诗很短，共十二行，但却构思巧妙，思想容量很大，表现出诗人思考的深度与娴熟的技巧。北海大桥（如下图）一边是北海公园，另一边则是共和国的首脑和心脏中南海。北海的水波上布满游艇，满园的花朵、歌声和笑影。而中南海的这一边却水波明净，重大的决策在这边制定。诗人笔锋一转写道：

> 辛勤的政务，在这边进行，
> 而在那边，是幸福的乐园，
> 像两边的水波一样：
> 北海大桥是一台天平。

诗的风格是20世纪60年代国内诗坛那种明朗的抒情诗风，明白如话，几乎看不到有什么技巧，但这却是最高的技巧。北海大桥是一台天平，领袖们的勤政，等于平民百姓康乐的生活，同时天平还暗示着社会的稳定，风调雨顺，这正是建国初期的太平盛世，写一座桥梁却让我们看到一个年代，这是诗的魅力，也是桥梁的魅力。

第二部分/九　现代桥梁与现代诗

▶北海大桥

十 唐诗与桥梁

桥梁建筑，不仅具有物质功能，也具有精神功能，所以它从来就是实用与艺术相融合的作品。梁桥的平直，吊桥的凌空，拱桥的涵影，它们形象的本身就摇曳着艺术的风姿，更何况又常常处于山川秀美的林泉胜地，协调于天然风景与建筑群体之中，很自然地给人以画一般的意境和诗一般的情趣。从《诗经》"亲迎于渭，造舟为梁"到清人黄仲则"独立市桥人不识，一星如月立多时"，不知历代诗人词客，为桥梁写下多少清丽动人的诗句。宋代杜德源的"驾石边梁尽一虹，苍龙惊蛰背磨空"写的是拱桥；明代王贤诗"横桥远亘如游龙，明珠影荡长河中"，写的是梁桥；明人王锡衮诗"飞梯何须借鳌背，金绳直嵌山之侧，横空贯索插云蹊，补天绝地真奇绝"写的是悬索桥。真是有各式各样的结构形式的桥梁，就有各式各样的佳句来描述它。

但是应该说，上面的诗句都只是写桥梁的形态，因物起兴只是一种习惯类比，并不是将写眼前的景物和抒情结合起来，有意构造情景结合的意境。

宋人严羽在《沧浪诗话》中指出："诗者，吟咏情性也，盛唐诸人，惟在兴趣；羚羊挂角，无迹可求。故其妙处，透彻玲珑，不可凑泊。如空中之音，相中之色，水中之月，镜中之象，言有尽而意无穷。"这是一段名言，是严羽对盛唐诗人在意境创造上所达到的高度的一种感性体验，一种传神的描述。盛唐诗人把情思、景物、气氛融成一体，呈现出一种有着浓烈情思、充满着理想氛围的，并且多少带着模糊轮廓、多层次的境界。他们事实上，几乎已经解决了意境这一美学范畴所要解决的一切问题。

唐代史是中国古代历史最为灿烂夺目的篇章之一。结束了数百年的分裂与内战，在从中原到塞北普遍施行均田制和租庸调法的基础上，李唐帝国在政治、财政、军事上都非常强盛。对外开拓疆土，军威四震，国内是相对的安定和统一。一方面，南北文化交流融合，使汉魏旧学的刚劲质实（北朝）与辞采绮丽的齐梁新声（南朝）互相取长补短，推陈出新；另一方面，中外贸易交通发达，"丝绸之路"进来的不只是"胡商"，也带来了异国的礼俗、服装、音乐、美术以及各种宗教，这是空前的古今中外的大交流、大融合。这就产生文艺上的所谓"盛唐之音"的思想基础。一种充满希望前景的新道路在向更广大的知识分子开放，等待他们去开拓。"盛唐诗歌"就是在这样的背景下脱颖而出。

初唐时期，改变六朝绮靡之音的是初唐"四杰"——王勃、杨炯、卢照邻和骆宾王。其实作为诗人兼学者的闻一多先生早就敏锐地指出："宫体诗在卢、骆手里是从宫廷走向市井，五律到王、杨的时代是从台阁移至江山与塞漠。"[《唐诗杂论·四杰》（闻一多，上海古籍出版社，1991）] 特别是卢照邻和王勃相继入蜀，诗风有了明显的变化，骆宾王因事谪戍西边，初唐的诗风视野开阔了，出现了一些昂扬的基调。诗歌随着时代变迁，初唐出现了青春少年人的清新歌唱。

这个时期，卢照邻的《长安古意》是重要的诗篇。闻一多先生说它是"放开了粗豪而圆润的嗓子"，有着"生龙活虎般腾踔的节奏"。他说，卢、骆对于宫体诗的改造，"背面有着厚积的力量支撑着。这力量，前人谓之'气势'，其实就是感情。有真实的感情。所以卢、骆的到来，能使人们麻痹了百余年的心灵复活"。[《唐诗杂论·宫体诗的自赎》（闻一多，上海古籍出版社，1998）]

《长安古意》是利用历史题材，写当时长安繁华的面貌以及统治阶级中某些人物腐化堕落的生活，揭示他们的荒淫横暴以及身居下位遭到排斥的才士不满和自我安慰。

《长安古意》一开始就是写长安帝王的奢华生活：

长安大道连狭斜，青牛白马七香车。玉辇纵横过主第，金鞭络绎向侯家！龙衔宝盖承朝日，凤吐流苏带晚霞。百尺游丝争绕树，一群娇鸟共啼花……

然后，以异常冷峻的笔调，写出侠客轻身尚武的肝胆和底层人民的生活：

读桥

挟弹飞鹰杜陵北，探丸借客渭桥西。俱邀侠客芙蓉剑，共宿娼家桃李蹊。

最后带着浓烈的感情，发为议论：

自言歌舞长千载，自谓骄奢凌五公。节物风光不相待，桑田碧海须臾改。昔时金阶白玉堂，即今惟见青松在。寂寂寥寥扬子居，年年岁岁一床书。独有南山桂花发，飞来飞去袭人裾。

这首诗格局开阔，语言精丽而流畅，透露了齐梁宫体诗中所没有的对现实的讽刺，对人生的感慨等鲜有的气息，初步呈现了唐诗的新面貌。这种主题和题材，古已有之，所以也题为"古意"。

初唐时期，还有一位重要的诗人刘希夷。他的代表作是《代悲白头翁》，但他的《公子行》也是名篇，曾受到闻一多先生的称赞。

"天津桥"在洛阳西南洛水上，是唐人春游极重要的景点之一。刘希夷的《公子行》从天津桥写起，因为天津桥下洛水是清澈的，春来尤其碧绿可爱：

天津桥下阳春水，天津桥上繁华子。马声回合青云外，人影动摇绿波里。

诗中"阳春水"的铸词引人入胜。与"天津桥上繁华子"是对举的，诗人巧妙地将春水与少年，揉合于倒影的描写"人影动摇绿波里"，意象飘逸，如镜花水月之虚幻，这种梦幻般的色彩，对诗中所写的快乐短暂人生，起到点染之功。

古来容光人所羡，况复今日遥相见？愿作轻罗著细腰，愿为明镜分娇面。

"这不是什么十分华贵的修辞，在刘希夷也不算最高的造诣。但在宫体诗里，我们还没有听见过这类的痴情话。""但我们要记得，这类越过齐梁，直向汉晋人借贷灵感，在将近百年以来的宫体诗里也很少人干过呢！"[《唐诗杂论·宫体诗的自赎》(闻一多，上海古籍出版社，1998)]

与君相向转相亲，与君双栖共一身。愿作贞松千岁古，谁论芳槿一朝新！百年同谢西山日，千秋万古北邙尘。

"这也不过是常态的、健康的爱情中，极平凡、极自然的思念，谁知道在宫体诗中也成为了不得的稀世珍宝。回归常态确乎是刘希夷的一个主要特质。""感情返到正常状态是宫体诗的又一重大阶段，唯其如此，所有的烦躁与紧张都消失了，只剩下一片晶莹的宁静。""如果刘希夷是卢、骆狂风暴雨后宁静爽朗的黄昏，张若虚便是风雨后更宁静更爽朗的月夜。"[《唐诗杂论·宫体诗的自赎》（闻一多，上海古籍出版社，1998）]，也就是说，这时的刘希夷已跨近了张若虚半步，而离绝顶不远了。

最后，值得一提的是渭桥、天津桥这两座悠悠古桥。卢照邻《长安古意》中行侠仗义的少年是在渭桥西（如下图）"借客"；而刘希夷《公子行》则从天津桥下的流水写起。这两座唐朝都城的交通枢纽，见证过多少当时的繁荣景色，崔颢《杂曲歌辞·渭城少年行》里写过渭桥："双双挟弹来金市，两两鸣鞭上渭桥。"白居易的《天津桥》则咏叹天津桥（如下图）的美景："津桥东北斗亭西，到此令人诗思迷。"但最早却是卢照邻、刘希夷在这两座桥上"放开粗豪而圆润的嗓子"发出青年少年的歌唱，拉开了唐代诗歌的序幕。天津桥石基与其整桥复原效果图，及西渭桥遗址景观如下所示。

▶天津桥石基

▶天津桥复原效果图

▶咸阳古渡（西渭桥）遗址石碑

▶西渭桥遗址

盛唐的诗坛，巨匠辈出，群星辉映。王翰诗神采飞扬，昂扬慷慨；张旭、贺知章诗明快自然，语言清新；孟浩然诗平淡清远，心境澄明；王维诗最具特色的是他的山水田园诗，玲珑淡泊，无迹可寻。另外还有写边塞的著名诗人，如王昌龄、高适、岑参等人，他们的诗骨气清刚、笔力雄毅和神奇壮丽，各领风骚。

张旭是一位才华横溢的著名书法家，他常常在醉后挥笔疾书，醒后自视为神。张旭狂草，实在是那个天才时代的精神风貌的反映。但他的诗也很有名，他的诗却又以明丽轻快而著称，下面这首《桃花溪》即是一例。

桃花溪
隐隐飞桥隔野烟，石矶西畔问渔船。
桃花尽日随流水，洞在清溪何处边？

这是一首化用东晋陶渊明《桃花源记》一文的意蕴来表达志趣和理想的诗。"桃花溪"是水名，在今湖南桃源县西南，源出桃花山，传说《桃花源记》就是以这个地方作为蓝本铺陈渲染的。

"隐隐飞桥隔野烟。"诗人起笔便一下把读者的视野带到一种虚无缥缈的境界中，一架小桥飞跨在溪水中，隔着流岚雾霭，若隐若现，一派朦胧，为下文进行展开联想创造出一种朦胧的气氛。

"石矶西畔问渔船"，水中露出嶙峋岩，如岛如屿（石矶）；那漂流着片片落花在溪上，有渔船轻轻摇着，景色清幽明丽。诗人伫立在这古老的石矶旁，望着溪上漂流不尽的桃花瓣和渔船出神，恍惚间，他似乎把眼前的渔人当作当年曾经进入桃花源的武陵渔人。那"问"字便脱口而出。

"桃花尽日随流水"，描绘了桃花溪环境的美丽似真似幻，仍是暗用《桃花源记》之描述。桃花溪源自桃花山，与《桃花源记》中桃花林"夹岸数百步"相似，故有"芳草鲜美，落英缤纷"，终日桃花随水淌的美丽景象，诗人面对此情此景，沉迷而不能自拔，于是很自然地引出了结尾的问句。

"洞在清溪何处边？"点出诗人真正的目的。当年武陵人"林尽水源，便得一山，山有小口，仿佛若有光；便舍船，从口入"，终于"豁然开朗"，到达那美妙的人间仙境。

诗人的这句问句，其实就在询问通向桃花源的洞口，也想找到传说中的桃花源，寄寓诗人的理想和志趣。

七言绝句篇幅短小，要做到情韵悠长，除了讲究炼字酌句外，更要求构思精妙。这首诗从远景到近景正面写来，然后以问询的方式，运实入虚，构思布局相当新颖巧妙。对《桃花源记》的意境也运用的空灵自然，蕴藉不觉，从而创造了一个饶有画意、充满情趣的幽深境界。

孟浩然是盛唐唯一终身不仕的著名诗人，李白说他："红颜弃轩冕，白首卧松云"（《赠孟浩然》）。也许就是终身不仕成就了他，成为唐代著名的大诗人。所以，他的诗多写自己的生活，常常是"遇景入咏，不钩奇抉异"（唐·皮日休），故诗味淡泊，叫人可意会而不可言传。这首《舟中晓望》记录他于唐开元十五年（727）自越州（今浙江绍兴）水程往游天台山的旅况。

舟中晓望
挂席东南望，青山水国遥。
舳舻争利涉，来往接风潮。
问我今何适？天台访石桥。
坐看霞色晓，疑是赤城标。

这是一首五言律诗。船在拂晓时就扬帆出发，一天的旅程又开始了，"挂席东南望"，开篇就揭出"望"字来，拂晓时分，江南水乡一派朦胧，诗人情切，似乎看见了什么，而又什么都没有看见，这一切都包含在"青山水国遥"五个寻常的字中。一般人都喜欢名山实地游览，而诗人更喜欢表现名山可望而不可即的旅途况味。因为"望"字可以引起诗人的陶然神往，浮想联翩，所以这个"望"字是诗篇的精神所在。

第二联写水程。"舳舻争利涉，来往接风潮。"舳舻是一种方长船，"利涉"一词源自《易经》卦辞，意味利涉大川，宜于远航，是个吉卦。"争利涉"以一个"争"字表现出诗人兴致勃勃，而"来往接风潮"则以一个"接"字表现诗人在风波面前，泰然自若的神情。

第三联是诗人的自问自答："问我今何适？天台访石桥。"点出天台山,于是首联何所望,次联何所往都得到解答。天台山是东南名山,石桥尤为胜迹。据《太平寰宇记》(乐史)记载:"天台山去天不远,路经油溪水,深险清冷。前有石桥,路径不盈尺,长数十丈,下临绝涧,惟忘身然后能济。济者梯岩壁,援葛萝之茎,度得平路,见天台山蔚然绮秀,列双岭于青霄。上有琼楼、玉阙、天堂、碧林、醴泉,仙物毕具也。"这联初读似乎诗味平淡,都是口头常语,然而只要联想到这些关于名山胜迹的奇妙传说,你就体味到"天台访石桥"一句话中微带兴奋和夸耀的口吻,感到诗人的陶醉和神往,而诗的意味就在那无字中,在诗人出语时的风采中。

闻一多先生十分赞赏孟浩然其人其诗,他说:"真孟浩然不是将诗紧紧地筑在一联或一句里,而是将它冲淡了,平均地分散在全篇中。""淡到看不见诗了,才是真正孟浩然的诗,不,说是孟浩然的诗,倒不如说是诗的孟浩然更为准确"(《唐诗杂论·孟浩然》)。

诗的最后一联:"坐看霞色晓,疑是赤城标。""赤城山"在天台县北,属于天台山的一部分,山中石色皆赤,状如云霞。因此,在诗人想象中,映红天际的不是朝霞,而是山石的异彩。

孟浩然写平静明丽的自然景物,总是带着一种闲适清爽的心境,他与一般隐士不同,总是在宁静环境中表现出美的感受,他写的是人间,而不是尘外。

王维最主要的成就、最有特色的是他的山水田园诗,正是他的山水田园诗,使他在中国诗歌史上占有重要的地位。

晓行巴峡

际晓投巴峡,馀春忆帝京。
晴江一女浣,朝日众鸡鸣。
水国舟中市,山桥树杪行。
登高万井出,眺迥二流明。
人作殊方语,莺为故国声。
赖多山水趣,稍解别离情。

此诗诗句清丽,景色雄伟。他的同代诗人殷璠说他的诗"诗秀调雅,在泉为珠,着壁成绘。"苏轼评王维:"味摩诘之诗,诗中有画;观摩诘之画,画中有诗。"这首《晓行巴峡》每一联都极具画面感。"水国舟中市,山桥树杪行。"舟在水中,桥在山上。这种画面感会使你联想到西班牙大诗人洛尔迦的《梦游人谣》(戴望舒译)中的著名诗句:"船在海上,马在山中。"

盛唐之音在诗歌上的顶峰当然应推李白,无论是从内容或形式都如此。"因为这里不只是一般的青春、边塞、江山美景,而是笑傲王侯,蔑视世俗,不满现实,挥斥人生,饮酒赋诗,纵情欢乐。'天子呼来不上船,自称臣是酒中仙'以及国舅爷磨墨、高力士脱靴的传说故事,都更深刻地反映着那个时代初露头角的知识分子的情感、要求和向往;他们要求突破各种传统的束缚和羁勒;他们渴望建功立业,猎取功名富贵;他们抱负满满而又傲岸不驯。"[《美的历程》(李泽厚,文物出版社,1981)]

李白一生的仕途总是郁郁不得志。唐天宝元年(742),可能是由于玉真公主(唐玄宗的妹妹)的推荐,奉诏入京。李白此次奉诏入京,充满希望。"仰天大笑出门去,我辈岂是蓬蒿人"(《南陵别儿童入京》),他以为将被重用,建立不世功业的理想就要实现了。

但是,天宝初年,玄宗已沉湎于逸乐之中,不理朝政,他看重李白,其实只是看重他的名气和才华,"诏奉翰林",其实只是类同摆设,并非为了治国。于是,天宝三年(744)李白多日踌躇之后,决意请求还山(过隐居生活)。玄宗也不甚挽留,以其"非廊庙器",而"赐金放还",李白实际上是被放逐。

政治上的屡屡受挫,并没有影响李白登上诗的高峰,因为他到底是盛唐社会哺育的一代士人。他的奔放热情,坦荡的胸襟,率真的性格,豪侠式的行为,可以说他是盛唐式的。像名篇《将进酒》《答王十二寒夜独酌有怀》《宣州谢眺楼饯别校书叔云》《客中行》以及《早发白帝城》等无不反映着他的人生态度。

时代的精神风貌,和他个人气质、性格方面的这些特点,全都反映在他的诗里,使他的诗如长江大河,奔泻直下,如天风海涛,不知自何而来,自何而去。

下面引用的这首诗，是上元元年（760）李白流放到夜郎中途遇赦后，从江夏（武昌）往浔阳（九江）游庐山时写的《庐山谣寄卢侍御虚舟》：

> 我本楚狂人，凤歌笑孔丘。
> 手持绿玉杖，朝别黄鹤楼。

这里的头两句诗，并非是嘲笑孔丘，虽然李白确实写过《嘲鲁儒》，这里的"凤歌笑孔丘"，"乃今日之我笑昨日之我，谓昨日之我尚汲汲于建功报国，一何可笑。"[《品读李白》（安旗，阎琦，中华书局，2020）]

接着写庐山的秀丽：

> 庐山秀出南斗傍，屏风九叠云锦张，影落明湖青黛光。
> 金阙前开二峰长，银河倒挂三石梁。
> 香炉瀑布遥相望，回崖沓嶂凌苍苍。

金阙、三石梁、香炉、瀑布，是庐山四绝景。金阙岩前矗立两座峰、三石梁的瀑布如银河倒挂，飞泻直下，和香炉峰瀑布遥遥相对，那里峻崖环绕，峰峦重叠，上凌苍天。把山的瑰丽和秀丽写得淋漓尽致，引人入胜。

最后诗人登高远眺，写出长江的雄伟气势：

> 登高壮观天地间，大江茫茫去不还。
> 黄云万里动风色，白波九道流雪山。

诗人登临庐山高峰，放眼纵观，只见长江浩浩荡荡，直泻东海，一去不返；万里黄云漂浮，天色瞬息万变；茫茫九派，白波汹涌奔流，浪高如雪山。诗人豪情满怀，笔墨酣畅，将长江景色写得境界高远，何等雄伟，何等壮美。

程千帆、沈祖棻在《古诗今选》（凤凰出版社，2021）中说："此诗写庐山景物，采取了非常广阔的范围内随手点染，而不就一处精雕细刻的方法，就更加显得庐山之气象万千，与诗人俊伟超逸的精神面貌相融合，它与后面苏轼的《庐山二胜》同属咏庐山景物的杰作，而用意、用笔，各不相同，比较玩赏，对于古人的文心可以有更多的体会。"

读桥

李白的绝句（无论是五绝、七绝），在感情上是"慷慨吐清音"，在语言音节是"明转出天然"，在形象上善用白描，寥寥数语，勾画出一个画面，创造出一个意境。

李白《秋登宣城谢朓北楼》：

江城如画里，山晚望晴空。
两水夹明镜，双桥落彩虹。
人烟寒橘柚，秋色老梧桐。
谁念北楼上，临风怀谢公。

一个晴朗的秋天傍晚，诗人独自登上谢公楼。岚光山影是如此明净，这"江城"简直就是一幅画。中间四句是具体描写，这四句诗里所塑造的艺术形象，都是从上面的一个"望"字生发出来的。上面两句写"江城如画"，下面两句写"山晚晴空"，层次分明。"两水"指句溪和宛溪，因为是秋天，溪水更加澄清，波面上泛着"明镜"似晶莹的光；"双桥"指溪水上的凤凰桥和济川桥（如下图）。从高楼上远远望去，缥青的溪水，鲜红的夕阳，在明灭照射之中，桥影幻映出无限奇异的璀璨色彩。这结尾两句，不单单是和开头两句一呼一应，这里值得注意的是"谁念"两个字。李白在长安为权贵所排挤，弃官而去，政治上一直处在失意之中，所以这里"谁念"表达的是谁还能理解自己"临风怀谢公"的慨叹！

纵观李白笔下的桥梁，大都具有浪漫主义的色彩。"银河倒挂三石梁，香炉瀑布遥相望"（《庐山谣寄卢侍御虚舟》），开阔雄奇，一泻千里；"石梁横青天，侧足履半月"（《送王屋山人魏万还王屋》）极度夸张，比喻惊人；"他日还相访，乘桥蹑彩虹"（《送温处士归黄山白鹅峰旧居》）想象瑰丽，浪漫美丽；"石桥如可度，携手弄云烟"（《送杨山人归天台》）云朵可采，青天可渡。

"安史之乱"平定以后，唐代由盛兴逐步走向衰败。在这个历史的转折时期，最伟大的诗人是杜甫。他的诗反映了那个动乱时代，特别是这场大战乱给底层人民带来的血泪灾难，他的诗可以说就是"安史之乱"后唐代社会的画卷。

第二部分/十　唐诗与桥梁

▶凤凰桥

▶济川桥

▶济川桥桥墩

读桥

唐天宝十四年（755），杜甫在经历十年长安困顿之后，终于当了一个八品小吏。当年冬天，他往奉先县探家，写下《自京赴奉先县咏怀五百字》这首诗。

诗的开头，从咏怀入手，写自己仕既不成，隐又不遂，平生的抱负落空：

> 杜陵有布衣，老大意转拙。
> 许身一何愚，窃比稷与契。
> 居然成濩落，白首甘契阔。
> 盖棺事则已，此志常觊豁。
> 穷年忧黎元，叹息肠内热。

抱负既然落空，而忠君、忧念人民的执着情怀又难以改变，既耻于干谒，又不忍隐遁，故有难以排解的苦闷。诗接下去写路上所见所感，杂以议论，展开情思：

> 岁暮百草零，疾风高冈裂。
> 天衢阴峥嵘，客子中夜发。

时值严寒，诗人历尽艰辛前行，但路过骊山时，却另是一番景象：

> 瑶池气郁律，羽林相摩戛。
> 君臣留欢娱，乐动殷胶葛。
> 赐浴皆长缨，与宴非短褐。
> 彤庭所分帛，本自寒女出。
> 鞭挞其夫家，聚敛贡城阙。

诗人从骊山经过，遥闻华清宫乐声，想象唐玄宗和杨贵妃纵乐的情形，又想起贵戚们淫乐挥霍的种种情况，不禁感慨万千，一边是穷奢极欲，一边是饥寒交迫。

> 况闻内金盘，尽在卫霍室。
> 中堂舞神仙，烟雾散玉质。
> 煖客貂鼠裘，悲管逐清瑟。
> 劝客驼蹄羹，霜橙压香橘。

朱门酒肉臭，路有冻死骨。

诗人用生动的笔触写了杨家的穷奢极侈，又联系到广大百姓的艰难痛苦，对当时社会作了尖锐的揭露与批判，终于喊出了"朱门酒肉臭，路有冻死骨"的千古名句。

接着诗人驾车向北驶去，叙述路上见到的情形：

北辕就泾渭，官渡又改辙。
群冰从西下，极目高崒兀。
疑是崆峒来，恐触天柱折。
河梁幸未坼，枝撑声窸窣。

这八句诗，句句写实，但暗示性极强。"疑是崆峒来，恐触天柱折"用共工氏怒触不周山的典故。"河梁幸未坼，枝撑声窸窣"，河上的桥梁还没有散架，但桥柱被水冲得摇摇晃晃。这意味着唐王朝根基已经动摇。当时，实际上安禄山十月已在范阳起兵造反，只是长安还没得到消息。可见，杜甫对当时的形势判断多么敏锐。

最后，诗人到家中，见到最悲惨的一幕：

入门闻号啕，幼子饥已卒。
吾宁舍一哀，里巷亦呜咽。
所愧为人父，无食致夭折。
岂知秋禾登，贫窭有仓卒。

一进家门就听见有人号啕大哭，原来是小儿子饿死了。这个时候即使"我"忍住不哭，街坊四邻却已抽泣不止了。想想身为人父，却使幼子活活饿死，实在是惭愧呀，谁想到秋天的庄稼早已进仓，却如此贫困无食呢？诗人最后，以己推人，想到自己还是一个小官尚且如此，那么普通老百姓岂不更惨？

当代著名小说家、文史学家施蛰存先生在《唐诗百话》（上海古籍出版社，1987）中说："杜甫作诗，极讲究句法，如《秋兴》八首之类，诗句都极为雄健。作长篇诗，又在叙事方式上，继承了司马迁、班固的史笔，如《北征》《自京赴奉先县咏怀》之类，形式是诗，精神却是一篇散文。"

诚然如是，只有区区五百字，但句句深切，字字沉痛，他把

自己的血泪与下层人民的血泪融在一起，感人至深，复活了历史。不愧是一篇现实主义的不朽之作。

刘禹锡是中唐时期独有成就的诗人，他的诗写得流畅自然，而在流畅自然中，又有一种清刚之气，表现出思想家特有的洞察力和隽永的哲理意味。在这类诗中最突出的是他的怀古咏史之作。比如《西塞山怀古》历来就为历代诗评家所推崇。同时，他还写了《蜀先主庙》《金陵怀古》《金陵五题》等重要作品。从刘禹锡开始，唐代的怀古咏史发展到了一个全新的阶段。

下面这首《乌衣巷》是《金陵五题》中的其二，这首诗曾博得白居易"掉头苦吟，叹赏良久"，也是刘禹锡的得意之作。

乌衣巷

朱雀桥边野草花，乌衣巷口夕阳斜。

旧时王谢堂前燕，飞入寻常百姓家。

朱雀桥（如下两图）是秦淮河上的一座浮桥，是由市中心通往乌衣巷的必经之路。桥同秦淮河南岸的乌衣巷，不仅地点相邻，历史上也有瓜葛。东晋时，乌衣巷是豪门士族的聚居所。王导和谢安两家都居此处。这两家不但位高权重，而且家学渊源。"王家书法谢家诗"世人皆知。王家从王导到王羲之、王献之；谢家从谢安到谢灵运、谢朓，那是"代有才人出，辈辈出英贤"，真可谓"一条乌衣巷，半部六朝史"。所以，用朱雀桥来勾画乌衣巷的环境，既符合地理的真实，还可以唤起人们对有关历史的联想。

▶朱雀桥石碑

▶朱雀桥

曾经车水马龙的朱雀桥，桥边现在则是丛生的野草和野花；昔日衣冠往来的乌衣巷口，只剩下一抹斜阳照在墙上。"野草花""夕阳斜"使乌衣巷笼罩在寂寥、惨淡的气氛之中。

"旧时王谢堂前燕，飞入寻常百姓家。"然而春天的燕子，却年年依旧前来做巢，它们是不理会也不需要理解屋舍主人身份的变迁的。

山川依旧而人事已非，一代繁华，只留下荒凉寂寞，"山围故国周遭在，潮打空城寂寞回"，人世盛衰，迭代不息，存者唯有山川景物而已。在思索历史中体察人生哲理，这正是刘禹锡怀古咏诗的杰出成就。

刘禹锡的诗还有一个特色，是他学习民歌和吸取民歌的手法所取得的成就。

《竹枝词（其一）》：

杨柳青青江水平，闻郎江上唱歌声。东边日出西边雨，道是无晴还有晴。

这里"晴"和"情"是同音字，也是一个暗喻，实则"道是无晴还有情。"

《竹枝词九首（其二）》：

山桃红花满上头，蜀江春水拍山流。花红易衰似郎意，水流无限似侬愁。

全诗用的全是比兴手法，但诗的格调明朗、自然。

《竹枝词九首（其七）》：

瞿塘嘈嘈十二滩，此中道路古来难。长恨人心不如水，等闲平地起波澜。

比喻形象生动，格调清新，含意深沉而表述明白浅显，隐约之间有诗人被贬谪的身影。

刘禹锡是我国古代诗人中最早学习民歌的少数人之一。以上所举这些生活气息很浓的小诗，就是他学习民歌的实绩。

杜牧是晚唐重要的诗人之一。他生在唐朝"永贞革新"之后，唐朝逐渐衰落的时期。他抱负巨大，又才思敏捷，不仅有政治才能，还有军事才能，但生不逢时，难免有抑郁愁思。但他性格豪俊，并没有使他的诗消沉凄恻；相反地，他的深刻思想和对历史的独察能力，让他怀古咏史的诗，不拘一格，千变万化，哲思与议论完全化入形象之中，怀古咏史诗，在杜牧诗中达到一种新的境界。

像《泊秦淮》表面上慨叹陈后主的亡国之哀，事实上是讥讽朝廷腐败的现实；像著名的《赤壁》则是完全发为议论，但在议论中他表现了独到的历史眼光，独到的史识。历史学家对赤壁之战中的周瑜评价甚高，认为周瑜是奇才，而杜牧则认为周郎是借了东风之便，在这里，施蛰存说得更精彩："东风是自然现象，没有感情，在诗中被人格化了，似乎东风也对周瑜有好感，特地给他以方便"（《唐诗百话》）。他用的是曲笔，如果失败了，何止是二乔被锁在铜雀台中，其他的政治效果并不提及，尽在不言中，这是小中见大；周瑜不过是侥幸成功，才有阮籍凭吊广武楚汉战场而慨叹——"时无英雄，使竖子成名"，也正是发抒自己怀才不遇的心情，这是诗中有人。

杜牧曾在扬州当官多年。江南佳景无数，诗人记忆中最美的印象则是在扬州。"月明桥上看神仙"（张祜《纵游淮南》），还有"天下三分明月夜，二分无赖是扬州"（徐凝《忆扬州》），更何况当地名胜二十四桥（如下图）上还有神仙般的美人可看呢？

寄扬州韩绰判官
青山隐隐水迢迢，秋尽江南草未凋。
二十四桥明月夜，玉人何处教吹箫？

▶二十四桥简介

▶二十四桥

第二部分/十　唐诗与桥梁

▶二十四桥夜景

　　这首应是杜牧离开扬州之后,寄给仍在扬州为官的一个朋友的诗。诗风悠扬,意境优美,青山逶迤,隐于天际,绿水如带,迢递不断。"隐隐"和"迢迢"这一对叠字,不但画出山清水秀、绰约多姿的江南风貌,而且隐约暗示着诗人与友人之间山遥水长的深厚友谊。"秋尽江南草未凋"说明江南的气温比较暖和,这一句留给读者巨大的想象空间,既然秋尽草未凋,那么春意方浓时江南山水是不是更加柔婉秀丽呢?

　　"二十四桥明月夜,玉人何处教吹箫?"这本来是诗人调侃友人的话,这里的玉人当指韩绰,在二十四桥何处教歌女取乐?然而仔细想想,诗人又何尝是单单调侃友人?联系到诗人曾在扬州任职,不也写过"十年一觉扬州梦,赢得青楼薄幸名"(杜牧《遣怀》),是不是有些自嘲的意味?一代才子,生不逢时,岂不遗憾?

　　杜牧之外,李商隐也是晚唐一位杰出的诗人,他可以说是唐诗光芒的最后一抹余晖了。

　　李商隐尤其擅长七律,他师从杜甫、韩愈。在他的诗中句法、章法、结构方面显然可以看出杜甫、韩愈的特征。他以瑰丽的语言,沉郁的风格写出许多沉博绝丽的诗篇,如"身无彩凤双飞翼,心有灵犀一点通"(《无题》),"一春梦雨常飘瓦,尽日灵风不满旗"(《重过圣女庙》),"春蚕到死丝方尽,蜡炬成灰泪始干"(《无题》),"神女生涯原是梦,小姑居处本无郎"(《无

题》),"永忆江湖归白发,欲回天地入扁舟"(《安定城楼》)。

以上五联都是众口传诵不朽的名句。但李商隐的有些诗措意过深,难免有晦涩之感。为了运用绮丽的字面来结构对偶的律诗句法,有许多思想、情绪,甚至是事实,不使用本色词语来表达,于是不得不借助于运用典故。在李商隐之前,诗人运用典故,不过偶尔用一、二处,不会句句都用典故,而且典故都是明用,读者看得出,这一句包含一个典故,只要注明典故,诗意也就明白了。但是,李商隐的诗,往往是逐句都用典故,即使注明了典故,诗意还是不易了解。著名的《锦瑟》七律,用了五个典故:锦瑟、庄生梦蝶、杜鹃啼血、沧海珠泪与蓝田日暖,典故都注明白了,但诗意仍然无法确定,这就是历代注家争执不休的原因,估计将来也不可能取得一致。另外,还有《碧城》《燕台》,以及部分的《无题》诗都和《锦瑟》一样,都为注家们留下了难题。

下面这首与灞桥有关的李商隐自伤身世的七律,全篇运用比兴的艺术手法,诗也就好读得多了。

泪

永巷长年怨绮罗,离情终日思风波。
湘江竹上痕无限,岘首碑前洒几多?
人去紫台秋入塞,兵残楚帐夜闻歌。
朝来灞水桥边问,未抵青袍送玉珂!

▶灞桥遗址石碑

▶灞桥遗址

  这首诗写法别致。诗中前三联写六件事,性质各异,但有一个共同点都含有诗题中的"泪"。

  首句写宫人失宠之泪,次句写离别之泪,三句写伤逝之泪(舜之二妃恸哭湘江边),四句写羊祜事(羊祜镇守襄阳,有惠政,死后百姓于岘山立碑,望其碑者无不落泪),第五句写王昭君之事,第六句写楚霸王项羽兵败事。这六件事、六种泪并无关联,好像是故事的堆积,但读到尾联时才恍然大悟。

  清晨,诗人来到灞水边,询问不舍昼夜的流水,才知道以上一切人间伤心事,哪里比得上贫寒之士忍辱饮恨、陪送贵人的痛苦啊?因为迎送贵人,必得强颜欢笑,这对才志之士,才是一种难以忍受的最大痛苦。

  李商隐早年就有"欲回天地"(《安定楼》)的远大政治抱负,然终其一生都为幕僚,侧身贵官之列,迎送应酬,精神上极其痛苦,所以这是诗人感叹身世的血泪。

  李商隐是一个很敏感的人,生在晚唐已经逐渐感觉到唐朝的衰败。所以,他在《乐游原》中写道:"向晚意不适,驱车登古原。夕阳无限好,只是近黄昏。"

  日落黄昏,五彩缤纷,眩人耳目,但已无旭日东升时朝气蓬勃,也不是日中天时的耀眼光芒,它正好与"向晚意不适"的心情相应。一代辉煌的唐诗也终将落幕了。

十一　宋诗与桥梁

写了唐诗与桥梁的关系之后，突然觉得宋诗也值得谈一谈。宋人不幸，生于唐后，因为唐诗已创造出几乎不可逾越的盛唐之音，这对宋人来说无疑是个挑战；但同时宋人又是幸运的，因为这种情况迫使他们要求新求异，才在历史上有立足之地。

而桥梁作为古诗词中的重要意象，它不仅有丰富的文化内涵，更是蕴藉着不同的美学价值。各个时代诗中的桥梁，各有不同的表现形式。李泽厚先生在评论明人胡应麟《诗薮》中曾说："'盛唐句如海日生残夜，江春入旧年；中唐句如风兼残雪起，河带断冰流；晚唐句如鸡声茅店月，人迹板桥霜，皆形容景物，妙在千古，而盛、中、晚唐界限斩然。故知文章关气运，非人力'区别到底何在呢？实际上乃是：盛唐以其对事功的向往而有广阔的眼界和博大气势；中唐是退缩和萧瑟；晚唐则以其对日常生活的兴致，而向词过渡。这并非神秘的'气运'，而正是社会时代变异发展所使然。"（李泽厚《美的历程》，1981）

那么，宋诗是怎样出于唐而又异于唐，宋诗在哪些方面显示出它们自己的特色呢？

严羽在《沧浪诗话》中首先提出并回答了这个问题。他说："国初之诗，尚沿袭唐人，至东坡（苏轼）、山谷（黄庭坚）始自出己意以为诗，唐人之风变矣。"又说："近代诸公乃作奇特解会，遂以文字为诗，以才学为诗，以议论为诗，夫岂不工，终非古人之诗也。"这些话虽有贬义，却道出宋诗不同于唐诗的重要内涵，并且指出苏、黄是使宋诗在唐风基础上作出改变的代表性人物。

宋代之初的诗坛，沿袭五代之余，大多是轻佻浮华，王禹偁初步尝试摆脱晚唐秾艳之体，为宋代诗歌变革开辟了有异于唐人的风气。

太宗淳化二年（991），王禹偁因论妖尼道安事获罪，被贬为商州团练副使。这首《村行》便是这个时候写的：

村行
马穿山径菊初黄，信马悠悠野兴长。
万壑有声含晚籁，数峰无语立斜阳。
棠梨叶落胭脂色，荞麦花开白雪香。
何事吟余忽惆怅，村桥原树似吾乡。

这是一首记游诗，诗一开始就动态写景，"马穿山径"说明游的是郊外山村，次用"菊初黄"点名时令。"信马悠悠野兴长"，马既悠悠自得，必是诗人野兴正浓，这一句看似两件事，实际上是由于人有野兴，才放任马的随意而行。为什么呢？因为贪看景色。颔联紧接着写景："万壑有声含晚籁，数峰无语立斜阳。"这是一联传颂的名句，诗说群山万壑，回旋着秋风，阵阵作响，高耸的山峰，默默无声地沐浴在斜阳中。"万壑有声"是动态写景，"数峰无语"是静态写景，动静互相交错，又以有声与无声相对，这样一实一虚显示着风景宜人。实际上，山无语也是人无语，宁静中隐含着诗人的凄清。

颔联写了远景，颈联拉回写近景。通过棠梨叶、荞麦花所呈现的秋景，既切合所写的山村，回顾诗题"村行"，又抒发诗人游览时的心情。

最后诗人回归到自己的经历，秋色明丽而宁静，本来是可怡神悦的，可是一想到自己忠而得罪，未免对景难排，赏景吟诗之后，反而不能不感到寂寞而思念故乡，是的，那村边的小桥，平野的林木，不正是我童年生活过的故乡么？显示出诗人的孤独和政治上的失意。

王禹偁是宋初著名的诗人，他的诗学白居易，又追踪杜甫。这首诗写的自然闲淡，与白居易相仿，而凝练处又得杜诗神韵。

欧阳修（1007—1072）是北宋前期的文坛领袖，有宋以来第一个在散文、诗词等各方面都成就卓著的作家。他深受李白、韩愈的影响。他一方面想要保存唐人定下的形式；另一方面要使这些形式具有弹性，希望诗歌不丧失整齐的体裁而能接近散文那样流动潇洒的风格。在"以文为诗"这一点上，他为王安石、苏轼奠定了基础。

读桥

北宋皇佑元年（1049）欧阳修为颍州太守，在颍水上修了三座桥，这首《宜远桥》记录的是其中的一座。

宜远桥

朱栏明绿水，古柳照斜阳。

何处偏宜望？清涟对女郎。

诗的前两句是全方位写景，巧妙利用桥梁和桥梁周边自然色彩，构成一幅明艳的画面。"朱栏明绿水"，红更红，绿更绿，用一个动词"明"字，说明河水清澈，桥梁可鉴；"古柳照斜阳"，古柳是暗绿色，斜阳是晚霞的一抹金光，用一个动词"照"字，给人一种苍茫辽阔的视野。而更妙的是最后两句："何处偏宜望？清涟对女郎。"这里的"清涟"指的是远处的清涟阁（晏殊知颍州时所建），"女郎"指的是女郎台，相传是春秋时胡子国君为其女所建。"何处偏宜望"，诗人有意隐去了"阁""台"二字，这巧妙一问，让读者仿佛看到一位风姿绰约的女郎，扶柱栏、照绿水，拂古柳，在斜阳的映照下，正从桥上轻盈缓缓地走向清涟阁。化实景为幻景，构思精妙，令人叹绝。

▶宜远桥

王安石（1021—1086），江西省抚州临川人，北宋著名的政治家、文学家，散文列唐宋八大家之一。文风削刻，笔力雄健。诗歌成就更高，早年的诗作多反映社会、现实问题。罢相退居后创作了大量的写景诗，不少诗修辞巧妙，意境清新，有很高的艺术成就。

第二部分/十一　宋诗与桥梁

▶宜远桥石碑

熙宁五年（1073），宋神宗采用王韶《平戎策》建议——"欲取西夏，先取河湟"，于是宋王朝在古渭塞正式成立通远军，并以王韶兼知军。王韶到任后，就把战略目标锁定在熙河，迅速攻占了武胜，从而取得熙河开边的首胜，这场战争扩疆两千里，收复汉、唐失去的故土，史称"熙河开边"，这是北宋以来最有骨气的一场战争。

王安石这首《西帅》是"熙河开边"前写的。

西帅

吾君英睿超光武，良将西征捍隗嚣。
誓斩郅支聊出塞，生擒颉利始归朝。
一丸岂虑封函谷，千骑无由饮渭桥。
好立功名标竹素，莫教空说霍嫖姚。

诗一开始，王安石便颂扬宋神宗，他像当年光武帝讨伐隗嚣一样，派优秀的将领王韶出兵抗击西夏（隗嚣，东汉初年割据陇西的军阀，陇西本来就是西汉的领土），当年西夏统治者侵占的熙河地区就在这一带。王安石以此说王韶出兵西征是收复领土，是

正义的军事行动。

诗人接下来勉励王韶:"誓斩郅支聊出塞,生擒颉利始归朝。"诗人希望王韶要学汉朝的陈汤那样立誓斩杀郅支;也要像唐朝的李靖那样,活捉颉利才收兵回朝。

郅支,西汉时北匈奴的首领,经常侵略西域的乌孙、大宛,并威胁汉朝的统治。西汉将领陈汤、甘延寿出守西域时,围攻郅支城,斩杀了郅支。颉利是突厥首领,多次侵扰唐朝。贞观四年,唐太宗派大将军李靖带兵夜袭颉利驻地恶阳岭,颉利惊遁,被追击俘获后送至京都。

王安石乃是饱学之士,对汉唐典故熟极如流。他更希望以这些故事点拨王韶,既建立信心,又可以坚定意志。

"一丸岂虑封函谷,千骑无由饮渭桥。"这二句乃是佳句名联。隗嚣那一点兵力,怎么能封得函谷关,突厥的骑兵休想到渭桥放马饮水!"一丸"化用了范晔《后汉书》:"元请以一丸泥为大王东封函谷关,此万世之一时也"说的是东汉初年,刘秀多次派出说客前往说服隗嚣归朝廷,隗嚣犹豫不决之时,他的将领王元劝他不要归顺朝廷,而且表示他可以用"一丸泥"把函谷关封起来,这样一来,长安和天水之间的通道被堵塞,朝廷对隗嚣也无可奈何。

"好立功名标竹素,莫教空说霍嫖姚。"最后诗人依然鼓励王韶要努力为国立功,不要让世人只知道霍去病的战绩。(竹素,指竹简和白绢,古时无纸,所以就把历史事实写在简、绢上。)

王安石的好诗很多,这首诗也并不是最好的。一首七言律诗包含了六七个历史人物,证明宋人"以才学为诗,以议论为诗"是能写出好诗的。特别是"一丸岂虑封函谷,千骑无由饮渭桥"一联,写的多么自信,多么霸气!

有人以为诗是形象性的作品,这固然正确,但以议论、以才学为诗,使诗本身具有很强的思辨性,往往也能引人入胜。

王安石早年曾随父王益宦游金陵,王益死后,全家就在金陵长期定居;晚年罢相,又在金陵城外的钟山之麓卜筑隐居。在他的集中有不少歌咏金陵的诗篇,《金陵即事》(其一),就是他隐居后大量写景诗中的一篇作品。

金陵即事（其一）

水际柴门一半开，小桥分路入青苔。
背人照影无穷柳，隔屋吹香并是梅。

"即事"就是眼前有所触发的景物写诗，又称即兴。这是一首写杨柳和梅树的诗，一切情景都从屋门内诗人的视野中展开：开着的屋门向着水滨，连接小桥的路上长满青苔，门是柴门，桥是小桥，说明门前绝无车马、行人的踪迹。在纷扰的政治生活过后，诗人认真地体验隐居所特有的一份情趣。

"背人照影无穷柳"，临水的杨柳婀娜多姿，对着水中的柳影，自怜自赏，显示了叶已尽舒；"隔屋吹香并是梅"，隔着屋子吹来了阵阵梅香，梅花盛开正是浓春的时节。无论是背人照影的杨柳，还是隔屋吹香的的梅树，诗人的笔下，都仿佛含羞的少女形象。全诗浑然天成，而又精工深细。

苏轼是宋代最伟大的诗人，也是中国文学史上有数的伟大诗人之一。他的作品"如万斛泉源，不择地而出"，但又能"行于所当行，止于所不可不止"（苏轼《文说》），和吴道子一样"出新意于法度之中，寄妙理于豪放之外"（苏轼《书吴道子画后》）。宋诗到了苏轼的时代，才真正走上异于唐人的道路。

宋神宗元丰七年（1084），苏轼被贬为黄州团练使三年后，接诏赴汝州，途经庐山，作《庐山二胜》，《栖贤三峡桥》是其中的一首。

栖贤三峡桥

吾闻太山石，积日穿线溜。
况此百雷霆，万世与石斗。
深行九地底，险出三峡右。
长输不尽溪，欲满无底窦。
跳波翻潜鱼，震响落飞狖。
清寒入山骨，草木尽坚瘦。
空濛烟霭间，澒洞金石奏。
弯弯飞桥出，激激半月彀。
玉渊神龙近，雨雹乱晴昼。
垂瓶得清甘，可咽不可漱。

读桥

庐山，古往今来的诗人、画家不知道为它消耗了多少心灵和彩笔。李白游庐山，由大处着眼，大范围地随手点染庐山景色，写出气象万千的《庐山谣》，而苏轼游庐山，专门写水，《庐山二胜》先是写开先瀑布（《开先漱玉亭》），而《栖贤三峡桥》诗题是桥梁，但真正写的却是栖贤激流。都是水，而且都是庐山的水。其用意、着笔与李白各自不同。

这首诗的头四句，写水流之坚韧。诗一开头就用典故。汉枚乘（西汉著名辞赋家）上书谏吴王濞云："泰山之霤穿石，殚极之绠断干。水非石之钻，索非木之锯，渐靡使之然也"（这里，霤：通溜，指流水。靡：通假为摩。绠：井绳。干：指井梁）。说得简单一些，就是水能穿石，绳锯木断。

诗人接着写栖贤谷水流之险峻和水流之汹涌澎湃。"深行九地底，险出三峡右；长输不尽溪，欲满无底窦。跳波翻潜鱼，震响落飞狖。"

这几句诗的意思是栖贤水之险超过长江三峡（古人以右为尊、为胜），栖贤水的水流湍急，水浪相激，惊动水底的潜鱼和山上行动如飞的狖（猴类动物）。

"清寒入山骨，草木尽坚瘦。空濛烟霭间，澒洞金石奏。"前两句写高山植物在石缝中生长（山骨指石）；后两句写栖贤水势汹涌，水声如奏金石之乐，弥漫在云雾之中。

程千帆先生十分欣赏苏轼的《庐山二胜》，特别是《栖贤三峡桥》，他认为："后篇（《栖贤三峡桥》）主要是正面刻画了激流之险以及自己与之相匹配的广阔胸襟。观物既工，造语尤妙。其中如'清寒入山骨，草木尽坚瘦'之写高山植物，真可谓体物浏亮，前无古人'（程千帆《读宋诗随笔》，中国青年出版社，2011）。

元符三年（1100），苏轼得到诏令，内迁廉州（今广西合浦），离开儋州时，路过澄迈（海南海口市），写下二首七绝《澄迈驿通潮阁二首》，下面是其中的一首。

澄迈驿通潮阁（其一）
倦客愁闻归路遥，眼明飞阁俯长桥。
贪看白鹭横秋浦，不觉青林没晚潮。

▶栖贤三峡桥

苏轼曾在《自题金山画像》中，以自我嘲讽的口气，写到："问汝平生功业，黄州惠州儋州。"一生都在漂泊不定，乡愁满怀。所以，诗人接到内迁的诏令时，虽然觉得离开了这天涯海角的儋州，但廉州又是南蛮之地。也许他曾多次翘首北望，欲归无期，如今双鬓如雪，人生又有几何呢？"青山一发是中原"，廉州离中原何止是千里万里？

所以首句"倦客愁闻归路遥"，"倦"字开门见山点明诗人的心境和处境。而"归路"之"遥"则暗示漂泊之远和诗人的茫然无措。诗人怀着乡愁在海边踽踽独行，猛然发现眼前有一座飞檐四张的高阁，凌空而起，俯视着跨水长桥。"眼明飞阁俯长桥"点出"通潮阁"之题。而且两句之间起落变化，诗意陡折，由低郁转为豁朗，显示着诗人腾挪自由的大手笔。

诗歌很自然地由抒情转到写景："贪看白鹭横秋浦，不觉青林没晚潮。"在这里，"贪看"和"横"字是联系在一起的，正是由于诗人的"贪看"，视线久久地追随一行白鹭移动，故而有"横"的感觉。这个"横"字用得巧妙，有一种雄健的气势，如果用"白鹭飞翔"之类语言，则见不出诗人久眺的身影。

"不觉青林没晚潮"，诗人用"没"字写晚潮，虽然是动态，却也无声无息，秋浦之上，水天一色，空寥清旷，在这至宁至静

的境界中，时光悄然消逝，晚潮也悄然而退，只有一片青葱的树林映着最后的一抹斜晖。而从诗人倚轩凝然不动的身影中，谁能体会他心中的寂寞与惆怅？是呀，晚潮是退了，但诗人却心潮浮动，别有一番滋味在心头。

黄庭坚（1045—1105）为"苏门四学士"之首，以诗歌负盛名，与苏轼并称"苏黄"，开一代诗风，为"江西诗派"宗师。作诗取法杜甫，刻意求新，强调使事用典，"无一字无来历"，提出"夺胎换骨""点铁成金"之法，强调作诗要以学问、胸次为根本，强调化用前人成句，但师其意而不师其句，力求洗脱凡俗，创意出奇，造语尚奇尚硬。下面这首《寄黄几复》诗几乎涵盖了他关于诗的所有主张。

寄黄几复

我居北海君南海，寄雁传书谢不能。
桃李春风一杯酒，江湖夜雨十年灯。
持家但有四立壁，治病不蕲三折肱。
想见读书头已白，隔溪猿哭瘴溪藤。

黄庭坚这首七律，在当时就是名篇。元丰八年（1085），黄几复知广州四会县（今广东四会市），黄庭坚则从六年起就在德平镇（今山东临邑县）。广东、山东都在海滨，所以首句就巧妙地使用《左传》中楚成王问齐桓公的话"君处北海，寡人处南海"来说明相距之远。"寄雁传书谢不能"（王勃《滕王阁序》："雁阵惊寒，声断衡阳之浦。"）这句是上句的补充描写，写出诗人与故友相隔遥远音书难寄的惆怅。

"桃李春风一杯酒，江湖夜雨十年灯。"这联在当年就是名句，宋代诗人张耒呼之为"奇语"。"桃李春风一杯酒"写的是往昔年少相见的欢乐情景，诗人相见一杯酒是少不了的，但是诗人又选了"桃李""春风"两个词，这两个词，也很陈熟，但因为熟，能够把阳春烟景一下子唤到读者面前，同时喻示了彼此少年时春风得意的神情。"江湖夜雨十年灯"写的是分手之后，流转江湖，不觉已有十年，夜雨灯前，回忆旧游，不胜怅惋。上下两句，都是以寻常语句组成非同寻常的图像，真是别出心裁。其实这联名句是化用了温庭筠《商山早行》的句法——"鸡声茅店月，人迹板桥霜"，二句不用一动词，而早行境界全出。

"持家但有四立壁，治病不蕲三折肱。"上一句是说黄几复虽然为官，仍旧清贫（《史记·司马相如列传》中说"家居徒四壁立"）；下句"治病不蕲三折肱"，《左传》中记载一句古代成语说：一个人断了三次胳膊，凭着丰富的治疗经验，也算得上一个好医生了。这里是反用《左传》之意，赞美黄几复做四会县令，办事能干，并不需要像医生跌断胳膊，取得经验，才会给人治病。

"想见读书头已白，隔溪猿哭瘴溪藤。"说黄几复虽则白头，却仍在蛮风瘴雨、夜猿哀啼中勤学不已的动人情景。其间深喻诗人对友人的赞美，并为之发不平之鸣。同时亦寄托自身的失意之态。全诗格高调新，感情深挚动人，耐人吟味。

下面这首七绝《雨过至城西苏家》，是宋元祐元年（1086）时黄庭坚的作品。

雨过至城西苏家
飘然一雨洒青春，九陌净无车马尘。
渐散紫烟笼帝阙，稍回晴日丽天津。
花飞衣袖红香湿，柳拂鞍鞯绿色匀。
管领风光唯痛饮，都城谁是得闲人。

1086年，宋哲宗即位，时年九岁，摄政的是祖母宣仁太后。皇帝一去世，太后即召司马光当政，立即在政策上改弦更张，王安石的一切政令全予中止，或径自废除。宣仁太后诏令被久贬在外的苏轼立即回京。了解这一写作背景，就不难理解黄庭坚知道老师重获重用的欢愉心情（古人与今人，喜怒哀乐岂不相同）。

轻盈的春雨洒在青青的草地上，涤尽京城大道的车马尘埃；笼罩着京城的紫烟慢慢散去，雨过天晴，丽日照着天津桥。颈联："花飞衣袖红香湿，柳拂鞍鞯绿色匀"，更是充分运用律诗的艺术手法，对仗工整。"花飞"对"柳拂"，"红香湿"对"绿色匀"。通感艺术——从视觉转为触觉，"花飞衣袖红香湿"。拟人手法——"花飞""柳拂"等，让人如身临其境。尾联"管领风光唯

读桥

痛饮,都城谁是得闲人。"更具有嘲讽意思:一切改革不过是一场雨,现在是雨过天晴,更指那些主张改革的人,现在才是"得闲人"。

著名的历史学家、文学家缪钺先生对黄庭坚的诗歌有很高的评价,他在《论宋诗》中说:"王介甫以工(王安石),苏子瞻以新(苏轼),黄鲁直以奇(黄庭坚),宋诗至此,号为极盛。宋诗之有苏黄,犹唐诗之有李杜。"虽然这只是一家之言,但也可以看到黄庭坚对宋诗的贡献。

生活在南北宋之交的诗人,很少有不在自己的创作中反映汉族和女真族斗争的。但始终如一地像一根红线贯彻在全部创作中的,词中只有辛弃疾,诗中只有陆游。梁启超在《读陆放翁集》中写道:"诗界千年靡靡风,兵魂销尽国魂空。集中什九从军乐,亘古男儿一放翁。""辜负胸中十万兵,百无聊赖以诗鸣。谁怜爱国千行泪,说到胡尘意不平。"这个评价,切中肯綮。让人看到南宋诗坛上的一个铁血男儿。下面陆游的《长歌行》是他的代表作之一。

长歌行

人生不作安期生,醉入东海骑长鲸。
犹当出作李西平,手枭逆贼清旧京。
金印煌煌未入手,白发种种来无情。
成都古寺卧秋晚,落日偏傍僧窗明。
岂其马上破贼手,哦诗长作寒螀鸣?
兴来买尽市桥酒,大车磊落堆长瓶。
哀丝豪竹助剧饮,如钜野受黄河倾。
平时一滴不入口,意气顿使千人惊。
国仇未报壮士老,匣中宝剑夜有声。
何当凯还宴将士,三更雪压飞狐城。

这首七言古体诗作于南宋淳熙元年(1174),当时陆游五十岁,离蜀州通判任,闲居成都,住安福院僧寮,回想一生走过的路程,想到自己从前方被调回,杀敌的希望落空,心中很苦闷,因此借这诗抒发胸中的抱负。

第二部分/十一　宋诗与桥梁

▶《长歌行》中提及的市桥（万里桥）

　　诗用浪漫手法开始，前四句就谈自己的平生抱负：要么做个安期生那样的神仙，游戏人生；要么做个李西平那样的名将，杀敌立功。李西平是唐德宗时名将李晟，因平复朱泚之乱，收复西京，因功封西平郡王，故为李西平。这前四句，辞气雄奇，直抒壮怀，有如长江出峡，不可阻遏。就表达上来说，前者只是后者的陪衬，做神仙是幻想，做名将才是诗人努力实现的方向。同时，用李西平典故又十分贴切当时时局，陆游正是想要李西平扫平逆贼、收复旧京长安一样扫平金虏、收复旧都汴京。

　　然而，现实是残酷无情的，愿望是那么虚无缥缈。诗人回到现实，便把前四句放出的狂澜一下子倒挽回来。诗歌在这里陡然转折："金印煌煌未入手，白发种种来无情。"（煌煌：光辉貌。种种：短也。）意思是：功业未建，年齿已衰。"成都古寺卧秋晚，落日偏傍僧窗明。"这两句表示，眼看岁月流逝时不我与的焦灼心情。"落日""偏傍"对应于上句"白发种种来无情"，所谓"志士愁日短"，更何况已到晚秋。

　　诗情一"抑"再"抑"，忽然来一句反诘句："岂其马上破贼手，哦诗长作寒螀鸣？"波澜再起，难道我这个可以骑马破贼的人，就只能无尽无休像寒蝉悲鸣吗？于是通过"兴来买尽市桥酒，大车磊落堆长瓶。哀丝豪竹助剧饮，如钜野受黄河倾"来抒发

· 155 ·

"手枭逆贼清旧京"的理想无法实现的悲愤。（哀丝豪竹：古人论乐，以悲壮为美。《史记·河渠书》载：汉武帝元光年间，黄河从瓠子决口，水向东南，注入巨野泽。）

最后四句，"国仇未报壮士老"感慨万端；"匣中宝剑夜有声"，侧面烘托誓报国仇的决心。最后结句："何当凯还宴将士，三更雪压飞狐城。"诗人希望看到什么时候部队能大胜而归，哪怕是三更下着大雪到达飞狐城，也要即时大摆庆功宴。（飞狐：县名，今河北涞源县。这里泛指边境要隘。）

清人赵翼在《瓯北诗话》中说："陆游的诗'炼在句前'。"主要是指在命意、谋篇方面的艰苦构思。这首诗意态英伟，风格清壮，笔势顿挫，波澜跌宕，不愧是陆游诗篇中的压卷之作。

当然，纵观陆游的创作，大量如《长歌行》之类抒写抗击外侮的作品，只是其诗其人的一面。他还有另一面，即个人家庭的悲欢离合，儿女之情的缠绵悱恻。他一生最大的不幸是与结发妻唐婉的爱情悲剧。五十多年间，他陆续写了许多首悼亡诗。《沈园二首》是其中最脍炙人口的两首。

沈园二首

城上斜阳画角哀，沈园非复旧池台。
伤心桥下春波绿，曾是惊鸿照影来。

梦断香消四十年，沈园柳老不吹绵。
此身行作稽山土，犹吊遗踪一泫然。

陆游早年和他的姑表妹唐婉结婚，夫妻融洽，可是母亲却不喜欢这位儿媳，百般干预，终于离婚。后来唐氏改嫁赵士程。宋绍兴二十五年（1155）春天，陆游到绍兴禹迹寺南的沈园游览，恰好赵士程和唐氏也在那里。陆游对情伤情，便作了一首调寄《钗头凤》的词，题在壁上。词云："红酥手，黄縢酒，满城春色宫墙柳。东风恶，欢情薄。一怀愁绪，几年离索。错！错！错！春如旧，人空瘦，泪痕红浥鲛绡透。桃花落，闲池阁。山盟虽在，锦书难托。莫！莫！莫！"这时他已三十一岁。不久，唐氏便抑郁而死。

到了南宋宁宗庆元五年（1199）春，即四十四年后，陆游又写了这两首《沈园》，同年还作了一首七律，有长题为《禹迹寺南，有沈氏小园。四十年前，尝题小词一阕壁间。偶复一到，而园已三易主，读之怅然》，这年陆游七十五岁。

"城上斜阳画角哀"，城上斜阳本就是让诗人伤感的视感形象，又加上"画角哀"（画角：军中的乐器）就更添悲凉的听觉形象，这一句便造就了凄入肝脾的悲境。

"沈园非复旧池台"，诗人对沈园具有特殊的感情，这是他与唐氏离异后唯一一次再相见的地方，四十年后，人已逝亡，园也易主，连景物也非旧观，可以看出诗人寥落的心境。

"伤心桥下春波绿"，诗人继续徘徊在园中，寻找可以引起回忆的景物，于是看到"桥下春波绿"一如往日，感到似见故人。只是此景引起的不是喜悦，而是"伤心"的回忆——"曾是惊鸿照影来"。四十四年前，唐氏就像曹植《洛神赋》描写的"翩然惊鸿"的仙子，飘然降临于春波之上。她是那么婉娈温柔，又是那么凄楚欲绝。

《沈园》之二写诗人对爱情坚贞不渝。

"梦断香消四十年"是感叹唐氏溘然长逝四十年了。古来往往以"香消玉殒"形容美丽女性的去世。"沈园柳老不吹绵"，这是一句诗人自喻的比兴，柳树已老，不再飞绵（柳絮），此时诗人已年逾古稀，正如园中老树已无所作为。"此身行作稽山土"，自己年老亦将埋葬于会稽山下而化为黄土，"犹吊遗踪一泫然"表示自己对唐氏的坚贞不移之情，"泫然"二字包含多少复杂感情，其中有爱，有恨，有悔，诗人不点破，供读者体味。

范成大（1126—1193）是南宋诗人，与陆游、杨万里、尤袤合称为南宋诗坛四大家。钱钟书在《宋诗选注》（人民文学出版社，1958）中说："是田园诗的集大成者。"又说："范成大风格很轻巧，用字造句来得规矩和华丽，却没有陆游那样匀称妥帖。"但他对范成大这首《州桥》却是交口称赞，说是"可歌可泣的好诗"。

读桥

州桥

州桥南北是天街，父老年年等驾回。

忍泪失声询使者，几时真有六军来？

这首《州桥》是范成大于宋孝宗乾道六年（1170）出使金邦时所写的七十二首绝句之一。州桥，指北宋故都（今河南开封）城内横跨汴河的天汉桥。诗以《州桥》为题，对作者和当时的人民来说不是一个寻常的地理名称，而是足以勾起对故国黍离之悲的一座桥梁（如下两图）。

▶ 州桥发掘遗址

▶ 州桥复原图

寥寥二十八个字，不加渲染，全是白描。但读之却让人泫然欲涕。作者的亡国之感，中原父老盼归的心情真是呼之欲出，跃然纸上。

特别是最后一句："几时真有六军来？"这句问话中的"真有"是传神之笔，暗藏着对南宋当局的诘问。难怪陆游的《夜读范至能〈揽辔录〉，言中原父老见使者多挥涕，感其事，作绝句》中写道："公卿有党排宗泽，帷幄无人用岳飞。遗老不应知此恨，亦逢汉节解沾衣。"可以说，是对《州桥》提问作了间接的回答。

杨万里（1127—1206），江西吉水人。绍兴二十四年（1154）进士，任永州零陵丞，师从北宋名臣、学者张浚，浚勉以正心诚意，遂以诚斋为号（这就是名传后世的"诚斋体"的由来）。其人品端方，立朝清正，反对苟安，反对权奸（拒绝为南宋权相韩侂胄写《南园记》，退居家中，忧愤而卒）。但他在诗歌创作中的主要兴趣放在自然风光中，因此集《诚斋体》中关心国家大事和民生疾苦的作品并不算多。他的诗以绝句擅长，意境显豁，语言平易，近乎民歌，风格清新，富于情趣，给读者提供了其他诗人所罕有的娱乐性。如《小池》《过百家渡》《过松源晨炊漆公店》等诗。特别是这首《舟过谢潭》（其三）读罢令人忍俊不禁，宛然一笑："碧酒时倾一两杯，船门才闭又还开。好山万皱无人见，都被斜阳拈出来。"把群山的千沟万壑说成"好山万皱"已经够精彩了，更何况"都被斜阳拈出来。"这个动词"拈"用得绝妙。难怪他在《舟过黄田谒龙母护应庙》诗中说："见说前头山更好，且留好句未须吟。"

下面这首《三江小渡》，同样地也可为读者提供他诗的风貌。

三江小渡

溪水将桥不复回，小舟犹倚短篙开。

交情得似山溪渡，不管风波去又来。

这是一首送友人的诗。此诗的一、二句，诗人着意写景，营造了一种送友人、依依不舍的氛围。三、四句直抒胸臆，写出了诗人对于友情天长地久，不为风浪所阻的期盼，并用自然界的风波象征社会风浪，然后用"溪水将桥不复回"与"不管风波去又

来"进行对比,传达了友情恒久不变的主旨。

宋诗的数量远高于唐诗,根据1998年北京大学古文献研究所出版的《全宋诗》来看,是唐诗数量十倍之多。所以,这篇小文章只是想让读者对于异于唐诗的宋诗风味尝鼎一脔、一斑见豹而已。

曾记得当年朱自清先生在陈衍编写的《宋诗精华录》(商务印书馆,1937)卷首写的《什么是宋诗的精华》一文中说过两句十分有趣的话:"读此书如在大街上走,常常看到熟人。"那么,读完这篇小文,你碰到了"熟人"吗?

十二　春天里的随想

逝去的岁月，固化在你红砖与银缆之中，
河流已不再湍急，你还是坚守着、跨越着。
雨雾已朦朦胧胧，为什么你还要半遮半掩？

夏天的故事，为什么在春天里发芽？
一次相遇，你却能常驻我的心间。
绵绵思念，是一张未路过邮局的明信片。

附注：2010年7月参观克里夫顿桥，2011年3月写的此诗。有关克里夫顿桥的介绍，见本书《有一座大桥，名为4月25日》一文。

十三 双螺旋桥

按数学固定的模式，
以哲学刻板的规律，
沿着优美的空间曲线，
不断地向前，向前。

也许有时也会觉得单一，
但仍习惯此线路，
沉溺于其中，
以为这就是生活唯一的轨迹，
世界的全部。

直到你的出现，
就那么简单地变个符号，
一样地向前，
同样旋转得那么精彩，
以不一样的方向，但却不逆行，
还可以与你交汇，
也可以给你支持。

虽然真正的相交是那么的困难，
却可以通过联杆创造无数的机会。
就那么一个点一个点的相联，
却凝聚着无限的内涵，
给予你无限的希望。

那希望是独行中的期待，

第二部分/十三 双螺旋桥

是长途中的驿站，
是休息的地方，
又蕴育着新的出发。

不同的曲线，
有千千万万条，
遵循着同一规律，
在这世界上旋转。
有多少条可以相互缠绕，
赶走单一，而又不打成死结，
却可以变幻出优美的造型，
构筑出丰富充实的空间，
真实而魅幻的空间。

▶双螺旋桥

▶双螺旋桥

附注：双螺旋桥位于新加坡，2010年建成。本诗写于2012年9月。

第三部分　地方桥梁赏读

- 十四　宋诗中的闽桥／167
- 十五　塔移寺外与僧出山门／174
- 十六　福建四大古桥：巨石垒砌的桥梁史奇观／180
- 十七　福建古桥的建筑艺术／188
- 十八　冬季到台北来看桥／193
- 十九　安溪侨乡，飘着茶香的桥乡／208
- 二十　福州大学校园的拱桥文化／217

十四　宋诗中的闽桥

自从建安诗人写桥入诗，首创桥梁文学以来，隋唐以来，一千八百多年间，不知有多少诗人词客曾为桥梁写下清丽的诗篇。

▶安平桥

宋代时期的福建，由于泉州港的崛起，为适应经济发展的需要，以泉州地区为代表的各地建造了大量石墩石梁长桥，成为我国桥梁史上辉煌的里程碑。巧合的是，宋代一些大诗人，如陆游、曾巩、刘克庄、王十朋以及史学家袁枢等，或曾在福建为官任职，或本来就是福建人。于是，诗人与桥邂逅在八闽大地。"我见青山多妩媚，料青山见我应如是。"诗因桥而生情，桥因诗而增辉，构成一道桥梁文化绚丽的风景线。

"北有赵州桥，南有洛阳桥。"建成于宋嘉祐四年（1059 年）的泉州洛阳桥（如下图）是一座历史名桥，茅以升先生称之为"福建桥梁的状元"。洛阳桥建成之后，历代描述它的诗文多不胜

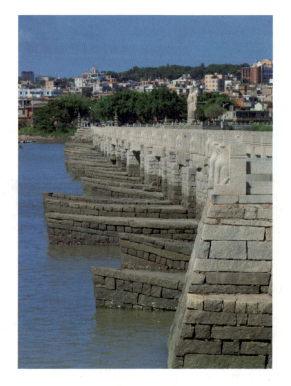

▶洛阳桥

数,或赞叹桥梁的雄伟奇构,或为蔡襄歌功颂德。但南宋诗人刘克庄写的三首《洛阳桥》却别具一格,不落窠臼,让人耳目一新。

《洛阳桥(其一)》
周时宫室汉时城,废址遗基划已平。
乍见桥名惊老眼,南州安得有西京。

这首七言绝句妙在诗的构思。它不写别的,而是从洛阳桥的桥名着眼,采用反讽的手法表达,意为周朝、汉朝这些强盛的王朝都早已成为陈迹,偏安一隅的南宋朝廷哪还有能力去收复早已沦陷的西京洛阳。原来是自己老眼昏花了,这里是南州,不是西京。此诗与"暖风熏得游人醉,直把杭州作汴州"一诗异曲同工,余味无穷。

第三部分/十四 宋诗中的闽桥

▶洛阳桥中庭古建筑和石碑

《洛阳桥（其二）》

嬴氏曾驱六合人，蔡侯只用一州民。立犀岂不贤川守，鞭石何须役海神。

晋朝的《济略记》记载："始皇作石桥，欲过海观日出处。时有神人，能驱石下海。犀，类牛动物，独角，镇水神兽。"这首诗是写蔡襄的，但意不在此。整首诗采用对比手法，"六合人"与"一州民"对比，"长城"与"洛阳桥"对比，"神话"与"现实"对比，既表达对"任人唯贤"的希望，又流露出对当时官场"文恬武嬉"腐败现象的辛辣讽刺，用语曲折，诗意深邃。

《洛阳桥（其三）》

面对虚空趾没潮，长鲸吹浪莫漂摇。向来徒病川难涉，今日方知海可桥。

这首诗初看平淡，但如果结合刘克庄的身世看，却用意颇深。《洛阳桥》（其三）的写作时间是宋嘉熙三年（1239年），刘克庄时年53岁。宋嘉熙元年（1237年），刘克庄改任袁州（今江西宜春），但又遭到构陷，罢职回乡。他在《自述》中说："身十年而三黜，肠一日而九回。"茫茫宦海，乡关何处？出路何在？游览洛

阳桥让他的心情豁然开朗，故而诗句"长鲸吹浪莫漂摇""今日方知海可桥"字里行间流露出宁静淡泊的意味。

刘克庄，字潜夫，福建莆田人，南宋江湖派代表诗人。陈衍《宋诗精华录》说刘克庄"专攻近体，写景言情论事，绝无一习见语，绝句尤不落俗套"。这三首《洛阳桥》可见一斑。

南宋时期，在泉州地区的"造桥热"中，人们不仅在海湾修桥，泉州市内为适应经济发展也修筑了大量桥梁。跨越晋江的笋江桥（又名石笋桥，如下图）就是其中重要的一座。南宋政治家、诗人王十朋于宋乾道四年（1168年）任泉州知府，写下一首七言诗《石笋桥纪事》。这首诗有两个重要特点，一是它提供了重要的桥梁史料："五丁挽石投浩渺，万指琢山登岣嵝。辛勤填海效精卫，突兀横空飞海蜃。""万指琢山""五丁挽石""精卫填海"都说明了当时建桥时通过抛石来打造基础。修建泉州洛阳桥（如下图）首创了抛石基础的方法，但无文献记载，反而是在这首诗中找到了佐证。二是这首诗虽非宋诗中的上乘之作，但叙事、议论、抒情相结合，语言浑厚，有着十分明显的"以文为诗，以才学为诗，以议论为诗"的宋诗特点。比如，"二三大士为时出，目睹狂澜心不忍。小试闲居济川守，远水孤舟寇忠愍"。后两句用典（以才学为诗），把力主建桥的官员称颂并比作为南宋一生乐善好施的兵部侍郎陈谠和独排众议、力主澶渊之盟的寇准。再比如，关于建桥的意义与影响，这首诗中写道："南通百粤比三吴，担负舆肩走骡牝。论功不减商舟楫，遗利宜书汉平准。"前两句"以文为诗"（散文化），后两句以议论为诗，也成为名句，但凡提及南宋泉州地区建桥的功绩时，常被反复引用。其中，"商舟楫"指商代邮驿制度，"汉平准"指西汉政府平抑市场商品价格的经济措施。

谈到宋诗中的闽桥，不能不提袁枢的《南乡桥》一诗："玉龙倒影卧寒潭，人在云霄天地宽。借问是谁题此柱，茂陵词客到长安。"袁枢是南宋著名史学家，官至吏部员外郎、大理少卿、出知常德府、江陵府等职。这首诗是他幼年所赋。前两句实景写桥，隐喻写人；后两句中的茂陵词客喻指西汉司马相如，表达少年开阔的胸襟。相传司马相如离开成都去往长安之前，在城北升仙桥上题字——"大丈夫不乘驷马,不复过此桥",后来衣锦还乡。南乡桥只是闽北山区的一座普通桥梁,但却因为袁枢的这首诗而留名千古。

▶笋江桥

▶洛阳桥石刻

福州市内有两座历史名桥。一座是跨越闽江的万寿桥(如下图)。宋元祐年间,人们造舟为梁,修建了一座浮桥;元大德七年(1303年)又将其改建成一座石梁桥。宋高宗绍兴二十九年(1159年),诗人陆游到福州任职,写有一首《渡浮桥至南台》:"客中多病废登临,闻说南台试一寻。九轨徐行怒涛上,千船横系大江心。寺楼钟鼓催昏晓，墟落云烟自古今。白发未除豪气在，醉吹横笛坐榕荫。"诗人缓步而行，临江远眺，浮桥壮丽，南台雄浑，故而呈现的诗境开阔豪迈。更可贵的是，该诗为万寿桥原为浮桥留下了翔实的史料。《周礼·考工记·匠人》中记载："轨谓辙广，乘车六尺六寸，旁加七寸，凡八尺，是为辙广。九轨七十二尺。"宋时一尺合今 31.68cm，凭借诗句"九轨徐行怒涛上"，可见当时浮桥的宽度在 20m 左右。

▶万寿桥

▶万寿桥桥墩

福州市内的另一座名桥是跨越安泰河的安泰桥。该桥始建于唐朝，并于北宋宣和年间（1119—1125 年）进行了重修。古代的安泰桥是福州市区运河交通总枢纽。唐宋时期，福州港与泉州港并存。福州港航线东至日本，西至阿拉伯诸国。当时安泰桥一带"百货随潮船入市，万家沽酒户垂帘"，呈现出一派繁荣景象。

宋熙宁九年（1077 年），曾巩任福州知州，曾写下一首七绝诗《夜出过利涉门》，表现当时桨声灯影的安泰河夜景："红纱笼竹照斜桥，复观翚飞插斗杓。人在画船犹未睡，满堤明月一溪潮。"曾巩是唐宋八大家之一的大散文家，诗也写得好，笔调细致，形象鲜明，对仗精美，格调飘逸。钱钟书在《谈艺录》（中华书局，1984）中评价，曾巩的诗远比苏洵、苏辙父子的好，七绝诗更有王安石晚期诗作的风格。这首七绝诗用朴素精美的诗句描绘了一幅诗趣盎然的画面：红灯在桥上，明月在水中，人在画船中，寓情于景，情景交融。

以上几首宋诗，仅是写闽桥的诗，比起大量以桥梁为意象、景物、场景等的宋诗而言，只是沧海一粟，更遑论其他朝代的古诗。

那么，为什么桥梁与诗人有一种天然的情缘关系呢？雨果曾经说过："人类没有任何一种重要思想不被建筑艺术写在石头上。"或许可以这样理解，人类从古至今所有的经验、情感、思想都被建筑艺术写成一部石头的史书。诗人在阅读这部史书时，触动思绪，激发情感，摇荡心旌，继而为诗。而桥梁一经诗歌洗礼，更具有饱满的生命力和艺术感染力，这就是桥梁（建筑）与诗歌的关系。

中国是一个诗的国度，唐诗宋词元曲，留下多少千古绝唱；中国又是一个建筑文明古国，秦砖汉瓦，如翚斯飞，创造多少璀璨的东方文化。这是历史留给我们的一笔丰厚遗产。

▶夕阳余晖下的安平桥

十五　塔移寺外与僧出山门

《桥梁史话》（茅以升，北京出版社，2012）一书中《南宋泉州地区的造桥热潮》一文写道，宋代泉州的桥梁工程，几乎没有一座不是僧人主持或僧人参与修建的，认为这是值得注意的问题，并作了粗略的分析。

（一）塔殿之争

翻开茅以升主编的《中国古桥技术史》（明文书局，1991）会发现，收录在中国古桥选录石梁桥部分的泉州地区的几十座名桥，绝大部分是由僧人主持修建或参与修建的，这是一个非常值得重视的现象。它不仅是中国佛教史上的传奇，也是中国桥梁史上浓墨重彩的一笔，反映了中国封建社会中后期政治、文化和宗教的变迁，蕴含着深刻的思想内涵。

▶ 安平桥桥头的水心古刹和瑞光塔

要更深入地讨论这个问题，不妨从"塔殿之争"说起。在我国，初期的佛寺没有大殿，主要建筑就是塔，塔位于寺的中心。东汉所建成的我国第一座佛寺——白马寺就是以一个大型方形木塔为中心修建的，四周环以供僧人学经、生活之用的僧房，从而形成了"浮图祠"的布局（浮图是塔的别名）。魏晋南北朝时期，佛教盛行，各地兴建了大量的佛寺建筑。此时虽然也出现了供奉汉化佛像的大殿，但大殿仍从属于塔，排在中轴线上塔的后面。到了隋末唐初，塔和殿的位置发生了变化。供奉佛像的大殿成为寺院的中心建筑，一些地方的塔则被移到寺外。宋代，泉州的塔干脆被移到桥头，成为桥梁的装饰。这个巨大变化的背后蕴含着深刻的思想文化。

出现塔移寺外这个现象，从建筑的角度来解释，便是外来建筑被引入中国后，与中国原有的庭院布局发生了冲突，必须妥协、退让和适应，变成中国化的建筑才能站稳脚跟。在古汉语中，佛寺的"寺"本来就是"衙署"的意思，是世俗建筑。塔的位置变化实际上有着更深层的文化内涵。佛教作为一种外来的宗教，在中国传播就必然会与中国的儒教、道教等主流宗教发生冲突。它受到中国文化的洗礼而渐渐蜕变，走上了一条曲折发展道路。而作为埋藏佛祖舍利的神圣墓塔，在宋代被移到桥头，自然具有很浓的象征意味。

（二）外来宗教的中国化深意

李泽厚在《美的历程》一书中写道："佛教在中国广泛传播流行，并成为门阀地主阶级的意识形态，在中国占据统治地位，是在战乱频繁的南北朝。它经历隋唐达到极盛时期，产出中国化的禅宗教派而走向衰败。"这里的"衰败"指的是中华民族由接受佛教到改造、消化它，进而产生了中国化的佛教禅宗。关于禅宗教派，毛主席有着非常精辟的论述。1959年10月13日凌晨，毛主席忽然约见北京大学任继愈教授，谈哲学与宗教问题。毛主席非常欣赏六祖慧能："慧能自幼辛劳勤奋，在建立南宗禅时与北宗禅对峙，历尽磨难，他不屈尊至高无上的偶像，敢于否定传统的规范教条，勇于创新，以及把外来的宗教中国化，使之符合中国国情，为大众所接受。"（任远、任重，《一份谈话记录和半世纪的

演绎》,中华读书报,2016年4月6日)。

根据毛主席的秘书林克回忆,主席这个时期多次谈到禅宗和六祖慧能。1956年对广东领导人说:"你们广东有个慧能,在哲学上贡献很大,他把唯心主义的理论推到高峰。你们应当好好看看《坛经》。一个不识字的农民能够提出高深的理论,创造出具有中国特色的佛教。"1958年8月21日,在中央政治局北戴河扩大会议讲话中称赞慧能"很有学问,主张一切皆空,这是彻底的唯心主义,但他突出了主观能动性,在中国哲学史是个大跃进"。还说:"宋朝的理学是从唐朝禅宗发展起来的,从主观唯心主义到客观唯心主义。"在谈到慧能的思想在佛教史上的地位时,他说:"慧能主张佛性人人皆有,创顿悟成佛之学,一方面使佛教简易化,一方面也使印度传入的佛教中国化。因此,他是真正的中国佛教的始祖。"(引自中央文献出版社于2000年出版的《我所知道的毛泽东》。)

毛主席这些高屋建瓴的论断,为我们提纲挈领地分析了佛教中国化的曲折过程和唐宋时期的佛教儒化,儒教佛化的滥觞,也让我们逐渐理解禅宗创立之后,佛教走向世俗,大量佛教徒参与世俗活动的原因,其中当然包括修桥铺路这些功德无量的善举。

源于印度的佛教是一种"出世"的宗教,而中国的儒家主张"入世",因而佛教要在中国生存扎根,必然要作出让步。自禅宗六祖慧能以后,举凡禅门宗匠言心性,便多舍弃"佛性"而称"自性""本性",或"自心""本心"。这些提法特别强调"直指人心,见性成佛"。慧能最核心的观点"众生即佛",将佛从遥不可及的世界拉回"现世"。而所谓的"佛性"是先天存在人的心中的,对众生而言就是具体的"人性",就是"自性""本性",这样便拉近了佛与人的距离。人人都有通向圣域的本性善根,人人都能成佛,这与儒家"人皆可以为尧舜"的"性善论"已经没有根本差别了。

▶泉州开元寺

过去修佛一味强调参禅、打坐、诵经、背经这些形式。慧能不识字,不可能对诵经有多么重视,而恰恰是这种不太重视的态度,使得识字作为众人入门的成规被打破,让成佛多了"顿悟"的途径。《坛经·般若品第二》中讲:"故知万法尽在自心,何不从中顿见真如本性。"这种方式更有吸引力,更有利于宗教传播。

禅宗的"担水砍柴,莫非妙道"稍加延伸发展,可以说一切世俗生活随处可见真常妙道,更遑论以忠孝事君事父。这些显然都是对儒家主导的人伦常情的一种妥协和吸收。这种明显的入世转向,使得儒释之间的深沟巨壑在不知不觉之间被消解。这就是中国式的佛教。

而另一方面,统领中国几百年的王道儒学,在面临外来佛教思想的冲击和挑战时,也发现了自己理论和方法上的缺陷。故援佛入儒,又吸收了禅宗的"心性论"后,产生了自先秦以来最具活力的第二次儒学复兴。

通过上面简要的梳理分析不难看出,禅宗就是一种把信仰与日常生活统一起来的宗教。无须去寺院出家,"人皆有佛性",在家也能成佛。这就把大批的僧人从烦琐的教义和形式中解放出来了。他们走出山门,走向世俗,投身社会公益事业。

（三）修桥渡人悲悯本怀

大批的僧人走出山门，为什么热衷于修桥铺路呢？这不仅仅是因为修桥是一项公益事业，更重要的是凸显了佛陀"普度众生"的悲悯情怀。《华严经》上说："广度一切，犹如桥梁。"所谓"建此般若桥，达彼菩提岸"，就是怀着虔诚的心建造桥梁，象征着从世俗走向"彻悟"的彼岸。泉州地区著名的安平桥上有副对联："天下无桥长此桥，世上有佛宗斯佛。"意为修世上最长的桥，就是对心中的佛陀最大的尊崇。这也就是为什么南宋时期泉州地区"造桥热"中，几乎每座桥梁都有僧人主持或参与修建的原因。

▶福州万寿桥老照片

▶日本长崎眼镜桥

这些僧人投身世俗生活、参与筑桥活动时展现出来的聪明才智、建立的丰功伟绩，是中国古代桥梁史中永不磨灭的光辉篇章，令人惊叹。在泉州地区，僧人义波、宗善等修建了洛阳桥，僧人惠魁等修建了金鸡桥，僧人文会等修建了玉澜桥和笋江桥，僧人守徽等修建了苏埭桥，僧人祖派、智渊等修建了安平桥。最感人的是道询和尚在泉州地区修建了獭窟屿桥、岛屿盘光桥等六七座跨海长桥。流风所及，僧人王法助等在福州修建了万寿桥，僧人越浦等修建了莆田宁海桥，僧人文秀、德朗等修建了庐山栖贤寺三峡桥，甚至如定禅师东渡日本，设计并建造了长崎中岛川的眼镜桥。凡此等等，不一而足。

第三部分/十五　塔移寺外与僧出山门

▶洛阳桥中亭

▶洛阳桥

　　鲁迅先生曾经说过："一切文物，都是历史的无名氏所逐渐造成的，建筑、烹饪、渔猎、耕种无不如此。"历史是人民创造的，但是中国历朝历代都是重道轻器，匠为末业，匠役至微。这些出身劳动人民的僧侣，虽然为古代桥梁建设作出了重要贡献，却很少能载入史册，其生平也大都无所稽考。他们是真正的"大国工匠"，应当在我国桥梁史上占有一席之地。

十六 福建四大古桥：巨石垒砌的桥梁史奇观

福建现存的古桥大部分是石墩石梁桥。两宋时期，这类桥梁在福建曾发展到鼎盛，在中国桥梁史上创造出奇迹。其中，泉州洛阳桥（如下图）、晋江安平桥、漳州江东桥以及福清龙江桥被称为"福建古代四大名桥"，它们均为石墩石梁桥，但各具特色，相互辉映，成为福建乃至我国桥梁史上一抹浓重的色彩。

▶洛阳桥

（一）洛阳桥："海内第一桥"

洛阳桥不在河南洛阳，而是位于福建省泉州市晋江、惠安两地交界处的洛阳江的入海尾闾上，为宋代福州至厦门的重要通道。《读史方舆纪要》（顾祖禹）中描述："洛阳江，在府东北二十里，纳境内诸山溪之水，流经府东，入于海，群山逶迤数百里至江而尽。"洛阳桥原是个渡口，叫万安渡。《泉州府志》记："万安桥未建，旧设渡渡人，每岁遇飓风大作，沉舟而死者无数。"

第三部分/十六 福建四大古桥：巨石垒砌的桥梁史奇观

洛阳桥始建于宋皇祐五年（1053 年）4 月，宋嘉祐四年（1059 年）12 月建成。桥南蔡襄祠内的修桥碑文记载："酾水为四十七道，梁空以行，其长两千六百尺（实测 834m），广丈有五尺（约 4.7m）。"1983 年 4 月，洛阳桥成为全国重点文物保护单位。

洛阳桥是我国历史上第一次在濒临海口的地方，即在水文、地质、气候极其复杂的条件下修建的石桥。在古代技术落后又无经验可以借鉴的情况下，这无疑是一次巨大的挑战。

▶洛阳桥旁扶栏外石塔

洛阳桥采用筏型基础，然后在其上建造桥墩，解决了海滩软基的问题；采用"种蛎于础以为固"，利用生生不息的牡蛎使分散的石块胶结成整体，解决了两个流向潮汐的冲刷问题。关于洛阳桥筑墩和架桥工程，周亮工的《闽小记》中有"激浪以涨舟，悬机以弦牵"的简略描述："激浪以涨舟"就是利用潮汐的涨落，控制运石船只的高低位置，以便于石料的浮运、起落、就位，和现代的浮运架桥法基本相同。"悬机以弦牵"，是指一种当时的吊装设备，它的起重装置一部分应是悬空的，所以称"悬机"，以"悬机"牵引石料就位，筑成桥墩和起架石梁，与现代应用各种土吊装设备也基本一样。

▶洛阳桥桥畔的石塔、蔡襄塑像和石雕像

洛阳桥的这些建造技术突破与创新在当时被认为是神的相助。洛阳桥也因此成为一座具有浓厚神话色彩的桥梁。关于它的故事被编成京剧、豫剧、歌仔戏，被拍成电影，也被谱成歌曲，唱遍各处。其中，最传奇的就是"蔡状元修造洛阳桥，夏得海赴龙宫投书"的故事了。这个故事讲的是主持修造洛阳桥的泉州郡守蔡襄，根据海神回复的文书"醋"字，悟出8月21日大潮趋弱时正可施工。

当代著名文化学者朱大可在《山海经：经典片段的光辉》一文中写道："人是神的一个隐喻，也就是说，认识在隐喻状态中被神话说出最精致的话语。人的这种诞生机制，使他的灵魂和肉体都放射着隐喻的光辉。"可见，所有的神话折射出来的都是人的创造力和思想的光芒。

洛阳桥的成功，其意义与影响十分巨大和长远。自此掀起两宋泉州地区长达150年的"造桥热"。《泉州府志》记载，在宋代修建的桥梁有110座之多。1131年至1162年的30余年间更是"造桥热"的高峰时期。

▶洛阳桥呈船形的桥墩端部

（二）安平桥：天下无桥长此桥

安平桥位于福建省泉州市晋江市安海镇，跨安海港直至南安县水头镇，长近5里，俗称"五里桥"，因而有"天下无桥长此桥"之说。在1905年郑州黄河大桥建成之前，它一直是我国最长的一座桥梁。1961年，安平桥成为我国第一批全国重点文物保护单位。

安平桥（如下两图）始建于宋绍兴八年（1138年），绍兴二十一年（1152年）建成，历时15年，工程浩大艰巨。《清源乡志》记载，安平桥长801丈，酾水362道。由于地理变迁，安海港已渐淤积，实测现存的桥长2070m，共有桥墩331座，桥面宽3m至3.8m，每孔铺石条4根至7根。每根石条长5m至11m，宽0.5m至0.8m，厚0.34m至0.78m；每根梁重约12t至13t。

安平桥结构系仿洛阳桥样式，下部桥墩仍用条石纵横叠砌而成。根据水流深浅不同，其形式有方形、尖端船形，也有半船形。著名桥梁专家唐寰澄认为，该桥的桥基"采用睡木沉基法"修建，但并没有给出考证。不过，稍后建于宋嘉定年间（1208—1224年）的泉州金鸡桥的确是采用"睡木沉基法"建造的。这两座桥的修建时间相隔不远，说明在采用洛阳桥筏型基础的技术之后，又有了新的技术突破。

▶安平桥俯瞰景

▶安平桥桥头门楼望高楼

安平桥建成后对当时泉州经济的发展具有重要作用。南宋时期，由于泉州港崛起，对外贸易空前繁荣。泉州市舶司岁收入占南宋王朝全部财政收入的五十分之一，泉州也"舶货充羡，称为富州"。当时，以安平桥为支点，顺济桥、梅溪桥、东洋桥、普利大通桥等众多桥梁向外辐射，因此安平桥在沟通内陆经济发展和海外通商贸易中具有举足轻重的地位。

▶ 安平桥

▶ 安平桥上

（三）江东桥：巨大石梁的营造之谜

在我国的古代桥梁中，论构造雄伟和石梁巨大，当推福建省漳州市的江东桥。江东桥又称虎渡桥，在今漳州以东40公里的干道上。《读史方舆纪要》中记载："《志》云：九龙江自华峰而来，注九龙山下，为漫潭，两山如壁。南流经香洲渡，又南经蓬

第三部分／十六 福建四大古桥：巨石垒砌的桥梁史奇观

莱峡，出两峡间，亘虎渡桥，为东南要道。"即虎渡桥为宋时泉州府通往广东省的要道。

▶江东桥

虎渡桥这个名字颇具传奇色彩。古有记载："江南桥梁，虎渡第一。昔欲修桥，有虎负子渡江。息于中流，探之有石如阜，循其脉，沉石绝江，隐然若梁，乃因此垒址为桥，故名虎渡。"由此可见我们祖先之聪慧。他们是从"虎负子渡江"的故事中得到启示来选择桥位的。

江东桥在宋绍熙年间（1190年）为浮桥，嘉定七年（1214年）改为板梁，嘉熙元年（1237年）易梁为石，历时4年完成。全桥总长336m，桥宽5.6m左右，由3块巨石组成；共19孔，孔径大小不一，其中最大孔径为21.3m；每块石梁都在100t以上，最大石梁长23.7m，宽1.7m，高1.9m，重达200t。

20世纪50年代，在江东桥的旧桥上修建了钢筋混凝土梁桥。由于年代久远，几经浩劫，现存的江东桥仅剩半座，只留六墩一台，大石梁仅存一孔。2000年，江东桥被定为危桥。

江东桥最让人惊奇的地方是：在古代没有大型吊装机械设备的情况下，其上百吨重的石梁是如何安装就位的？我国桥梁先辈罗英先生在《中国桥梁技术史》中认为，江东桥修建时可能是采用了宋代"花石纲"的方法；唐寰澄、唐浩《中国桥梁技术史·古代篇》认为是采用鲁班的"沙堆亭"施工方法；而李约瑟在《中国科学技术史》中则只说这是"一个有趣的历史性问题"。这个问题至今众说纷纭，莫衷一是，已经成谜。

▶江东桥石梁

（四）龙江桥：石墩石梁桥的"活化石"

龙江桥位于福清市海口镇万厔里。福清市的母亲河龙江由此入海，故又名海口桥。龙江虽不长，但流经海口时宽约2.5km，深五六丈，每逢涨潮，白浪滔天。这是一座与泉州洛阳桥地理环境相似，却保存相对完好的跨越海湾的长桥。1961年，龙江桥成为福建省第一批重点保护文物，2013年又被列为全国重点文物保护单位。

▶龙江桥

第三部分/十六 福建四大古桥：巨石垒砌的桥梁史奇观

龙江桥始建于宋政和三年（1113年），由太平寺僧人守恩倡导修建，后乡人林迁、妙觉等人为建桥募捐，历时11年，于宋宣和六年（1124年）竣工。《福清县志》记载："空其下四十二间，广三十尺，翼以扶栏，长一百八十余丈，势甚雄伟，费五百万缗，名曰螺江，绍兴庚辰改名龙江。"龙江桥全长476m，现存40孔桥洞，孔径平均在11m左右；桥宽约5m；桥墩做成两头分水尖形式，长9.6m，宽3m左右；桥墩基础亦用牡蛎固结。

龙江桥被誉为"古代石墩石梁桥的活化石"，对考察、研究宋代石桥具有很高的文物价值。虽经岁月沧桑，风雨剥蚀，多次修缮，但仍保留着最初的风采。桥面石板、石构栏杆古朴守拙；条石纵横叠砌，规整依然。

▶龙江桥桥头的七级六角镇桥石塔

李白在《春夜宴桃李园序》中说："夫天地者，万物之逆旅也；光阴者，百代之过客也。"面对这样一座保存了九百年的古桥，让人不由感叹，时间就是一个行色匆匆的过客。

十七 福建古桥的建筑艺术

福建古代桥梁建筑不仅在技术上取得了重大突破,而且在建筑艺术上也为我们留下了宝贵的文化遗产。

主从相衬,形象庄重,这是福建古桥建筑艺术的一个普遍特点。为了使桥梁主体更加美丽,往往在桥的周围以及桥上附设建筑物和雕刻加以衬托,这样使整座桥梁体形主次分明、匀称悦目,给人以庄重、均衡和稳定的美感。福建现存的每座石桥几乎都体现这一桥梁美学原则。修建于宋绍兴三十年(1160年)的泉州浮桥,原系石梁石墩桥(现改为钢筋混凝土梁),桥长超260m,桥栏边上原有八塔、八护神、四个石将军、四只石狮,桥上一中亭,出入口亦各一亭。这些附属设施与桥梁结构本身并无直接联系,但两者互相衬托,犹如红花绿叶,相得益彰,增添了桥梁建筑的丰韵,突出了桥梁主体的伟岸。再如龙岩八字撑架桥,在两跨桥孔的中墩上建塔,塔高三层,六角重檐,主从鲜明,有明显节奏感,构成一座风格迥异的古代桥梁。

桥屋结合,别开生面,这是福建古桥建筑艺术的另一个特点。凡是到福建旅行的人,或在崇山峻岭、山溪绝涧之旁;或在险滩急流、柳岸沙汀之际,有时可以看到一种瑰丽多姿结构独特的桥梁,这些桥梁横亘如虹,上覆廊屋,饰以重檐,挺然秀出,饶有画意,建筑学家称为廊桥,民间俗呼屋桥。福建现存的古代廊桥为数不少,如屏南的千乘桥、龙井桥和溪坪桥,古田的公心桥(现名田地桥)以及闽南永春的通仙桥等。廊桥桥面,通常铺以木板,或于其上再置石板,铺以方砖。屋架梁柱,全系木构。屋架多是两坡重檐,朴素淡雅。廊桥不仅是桥梁艺术上的一种装潢修饰,而且也是一种多功能建筑物。它或为过旅行人借避风雨;或为商贾摊贩依桥设肆;或为设置关卡,扼守要津等等。

第三部分／十七　福建古桥的建筑艺术

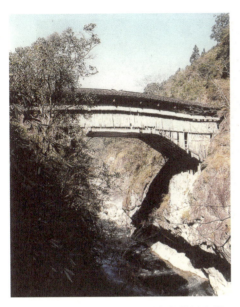

▶屏南龙井桥全景

在屏南县坑里村北部10公里的霍童溪上游。隔岸两山相映，悬崖峭壁，万木森立，溪势险恶，水流湍急。桥创建于宋代，清乾隆年间毁于火灾，嘉庆二十三年（1818年）重修。

▶福清龙江桥桥塔

桥头竖立的石刻小品，通常有华表、经幢和石塔。而福建古桥的桥头小品则往往是石塔。经幢和石塔都是佛教的标志，这大体上与福建在宋时大量僧人参与造桥有关。龙江桥石塔，仿木楼阁式石塔，工艺精细。

　　廊屋主要应用于木桥上。福建古代的廊桥发展从技术上来说，一方面能为木梁、木拱遮蔽雨水，以适应多雨地区木结构耐久的要求；另一方面能增加重量，使桥梁稳定，以适应奔流湍急、冲刷严重的八闽江河（如下图）。

　　气势磅礴，雄伟壮观，是福建古桥建筑艺术的又一特点。南宋泉州地区所造的桥梁无不因石梁巨大、气势非凡而引人注目，从精神和审美观点看，它要体现的正是一种"天朝大国"的自我意识。浩大的工程，巨大的体量，就是用以来树立和强化宋王朝的形象。然而在客观上，它们却成为独立的审美对象。

▶ 屏南千乘桥桥屋

木拱桥大多乃单孔，而千乘桥为双虹跨溪。所以千乘桥桥屋除了能满足其桥屋的功能外，古代聪明的巧匠，利用桥屋屋脊的变化加强中墩的情趣，在建筑艺术处理上可谓独具匠心。桥屋25楹，瓦面屋顶，保存较好。

▶ 屏南千乘桥碑

此碑在桥南，为清道光二年（1822年）所立。桥碑记载，千乘桥建于宋理宗年间，因桥头有祥峰寺，原名为"祥峰桥"，明末清初毁，嘉庆二十五年（1820年）重建，改名"千乘桥"。

▶ 晋江玉澜桥桥碑

此碑在今晋江县上浦到塘头，宋绍兴间（1131-1162年）僧仁惠修。现存之桥为清宣统庚戌年（1910年）重修，仅余5孔，各净跨4m左右。

第三部分/十七 福建古桥的建筑艺术

▶莆田宁海桥

宁海桥位于莆田黄石桥兜，木兰溪入海处，始建于元代元统二年（1334年），由僧越浦倡建。明清间数次倾圮。目前的宁海桥是清雍正十年（1732年）修复。桥全长225m，宽5.8m，共十五孔，为船形墩石梁桥，是福建省一级重点保护文物。

▶莆田宁海桥桥墩

福建地区的古代石墩石梁桥，基本上都是这种类型。它是对我国传统石墩的改进创新。它不再每层都有丁石顺石，而是条石垒砌，石条既轻便，排列又简单，加快了施工速度。

选址合理、布局巧妙。这也是福建古桥的重要特色。美起源于它的物质实用性，作为精神范畴的桥梁美，与物质功能既有联系又有区别。但是美的桥梁首先必须满足功能性的要求。所以，桥梁的配置以及使用功能的充分发挥，只要是合理的，这本身就是一种美，一种艺术。

▶泉州石笋桥

石笋桥在临漳门外，宋《王十朋诗记》："宋皇祐元年（1049年），太守陆广守是邦，始造舟为梁于石笋之江，民得履坦，因名浮桥。绍兴二十年（1150年），僧文会作石梁桥一十六间，长七十五丈五尺，广丈七尺。"

读桥

南宋泉州地区所建造的几十座桥梁具有很大的创造性。它们或贯通南北通道，或联结港区、市区，或沿海滩直接伸入海中，既是桥梁又是码头。这些桥梁因地制宜、顺势布局，把技术和艺术、形式和内容、自然和社会融于一体，体现了把美统一于内部和谐的最高原则，令人赞叹。

▶福州沈公桥桥面

福建古代石桥装饰极为丰富，且民族趣味浓厚。沈公桥上石栏柱共三十六根，每根栏柱宽厚达45cm。柱首雕琢雄狮、海兽以及莲球等七八种花纹，造型古朴，线条流畅，神态活跃，具有很高艺术魅力。

▶福州沈公桥头狮子

狮子古称"狻猊"（suān ní），是毛虫之长，百兽之王。《尔雅》称狻猊"即狮子也，出西域"，汉时传入中国。但中国狮子的形象生动而富有生活气息，已经予以"民族化"了。

冬季到台北来看桥

（一）

台湾与福建相距仅一百多公里，如果有高速公路直接相通的话，开车只有一个多小时的车程，在北京、上海等大城市有些人上班往往也要花这么多时间，在福州也就是自市区去郊县的车程。当然，目前还没有高速公路相通，但对于飞机来说距离又实在是太短了，不要说一百多公里，福州到厦门三百多公里，对于飞机距离也是太短，才起飞就要降落，空姐送咖啡都要急匆匆的。然而，飞往台湾的实际航线都没有想象得这么简单。据说两岸之间的航线只能从台湾的南北进出，而不能自东西方向进出。这样，福州去台北需要先往北飞到舟山附近，然后再往东南飞向台北，因此，大约要一个半小时的航程。即使这样，也就是福州到南京的距离。可是感觉台北离福州却比离南京远得多。

2009年的冬季，我随福建省土木建筑学会代表团乘飞机前往台湾访问。12月9日，经过一个多小时的航程，我们终于来到了直线距离不长、时间距离也不长，然而感觉很远的台湾岛。到达台北时已是下午，我们未办理住宿便直接到了市中心，参观台北101大厦等。

（二）

按照行程，我们先在台北参观浏览两天，住两个晚上，然后坐大巴从台湾省东海岸由北到南，再由西海岸由南到北，回到台北再住一个晚上。

到达台北的第二天（12月10日）上午，我们参观了北投

读桥

图书馆绿色建筑。吃完午饭，曹奋平先生抽出半天时间陪我单独转转。曹先生从1990年起在福州大学设立奖学金，二十余年来，每年来学校给学生颁奖，我们成了好朋友。他一直盼着我们去台湾，他好尽地主之谊。这次来台湾之前我与他联系，他问我有什么特别的要求，我告诉他我想看看台北的桥梁，而我们的代表团以建筑师为主，没有专程安排参观桥梁。

最早了解台北桥梁是在《中国桥梁》画册上，上面登载了台湾的关渡桥和碧潭桥，都是林同棪工程顾问股份有限公司设计的。那时大陆刚开始改革开放不久，新时期的桥梁建设刚刚起步，以混凝土桥梁为主，桥梁设计较多地考虑功能性需求，而没有太多关注桥梁的美观。这两座桥，尤其是关渡桥，多跨中承式钢拱，以起伏的旋律跳跃向前，桥面的直线恰到好处地将几个拱串在一起，连成流畅的音乐，那么的轻巧、轻松，红色的结构在青山、绿水、白云的背景衬托下，格外地醒目，光看那照片就给我留下了美好的印象。后来，随着两岸交流的日益增多，我对台湾的桥梁也多了些了解。1997年，我们福州大学主办了海峡两岸都市建设学术研讨会，台湾的学者介绍了环东大桥等台湾的桥梁建设。可那时感觉到这些桥梁是那么的遥不可及。今天来到了台湾，我一定要好好地看看。

（三）

台北市位于一个狭小的盆地内，河流众多，人口拥挤，因此建造了许多桥梁，以改善交通往来。市内的两条主要河流是淡水河和基隆河，基隆河也属于淡水河流域。基隆河河床宽度较淡水河窄许多，将台北市一分为二。台北市内主要桥梁多为跨越基隆河的桥梁。近些年为配合基隆河整治计划，跨越该河建起了一系列较美的桥梁。因此，我们选择先沿基隆河看看这些桥梁。

我们首先来到台北麦帅二桥（如下图）。这是一座采用交叉吊杆的尼尔森（Nielson）钢拱，跨径为210m，矢高35m，于1996年建成。整治后的基隆河生态环境有了很大的改善，我们到时恰有一群鸟儿飞过，在交叉吊杆之间为桥增添了点缀，宛若五线谱，无意间似乎要给"建筑是凝固的音乐"做个诠释。

▶台北麦帅二桥

麦帅二桥附近是麦帅一桥。麦帅一桥为单肋双层钢拱桥，跨径为170m，矢高30m，2001年建成。单片箱形钢拱肋与维伦迪尔（Virrendeel）桁架组成洛泽（Lohse）拱结构，桁架由三片组成，中间一片与拱连成整体。两边的桁架在两端沿续中间桁架的斜杆结构，不仅有利于抗剪，且在远处看去与中间的主拱形成一体（如下两图）。

近景　　　　　　　　　　　　远景

▶台北麦帅一桥

接着,我们沿着环东大道来看环东大桥(如下图)。环东大道全长约6km,是为适应台北市都市结构由中心向四周扩张及交通需求的增加,并配合基隆河截弯取直计划而兴建的。

环东大桥也是双层桥面的洛泽(Lohse)拱,但与麦帅一桥的单拱肋不一样,它是双拱肋结构。其主跨为166m;矢高30m;拱轴为抛物线形;两拱肋相互平行;拱肋为箱形断面,高2.1m,宽11m;上下层桥面的纵向加劲梁(上下弦杆)均为箱形断面,下弦杆高2.1m,宽1.1m,上弦杆高1.1m,宽1.1m;两弦杆中心间距13.3m;上下弦杆中心高度约9.5m;吊杆间距约11m;吊杆断面在上弦杆与拱肋间为Ⅰ形断面,上、下弦杆间为方形断面;上、下层桥面板均采钢板。该桥于1998年建成。

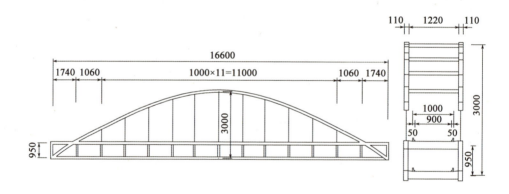

▶环东大桥主桥上部结构布置图 (尺寸单位:cm)

该桥结点构造与受力均复杂,设计的基本方针主要有:①使应力能平顺传递;②尽量避免角隅部的应力集中;③必须考虑焊接次序及拼装的可行性;④尽量降低因焊接、拼装产生的初始缺陷。

主桥

引桥

▶环东大桥

随后，我们来到了彩虹桥（如下图）。实际上，在参观麦帅一桥时我就看到了这座桥。当时没有特别的感觉，看上去是一座只有中间有几根吊杆的钢拱桥，且用了V形墩来增强美观效果。可当我来到它的跟前时，才发现这是一座异形拱。

▶彩虹桥远景

冬天的台北不冷，温度比福州要高些。这天下午，阳光明媚，照到身上暖洋洋的，有好朋友相伴，有好桥梁可看，真是惬意极了。

彩虹桥是一座人行桥，全长167m。主拱在桥面以上为钢箱拱肋，在桥面以下为钢筋混凝土结构，为支承桥面，斜出一个牛腿。吊索为空间索，在麦帅一桥上看此桥时，我们刚好处于一个特殊的角度，没有发现吊索是空间的，同时左边的拱脚被灯杆遮住，并没有发现它的桥面呈S形，桥面在拱桥的另一侧，与右边的供桥在桥面的这一侧不同。这座桥联系着被基隆河隔开的松山和内湖两地。据说夜晚灯光照耀下更加妩媚，可惜没有机会一睹芳容。

▶彩虹桥近景

看完彩虹桥，已近黄昏。当晚我们要出席一场金门大学、台湾营建研究院专门为我举行的晚宴，金门大学多位老师专程从金门飞到台北来与我见面，着实令我感动。因此，为能及时出席，我们不敢再在市区基隆河上的桥梁继续流连，而是直奔令我朝思梦想的关渡大桥。

关渡大桥地处淡水河出海口约10km，为五跨中承式钢拱桥，跨径布置为（44＋143＋165＋143＋44）m，为当时台湾最大的钢拱桥，它的架设利用了潮汐涨落特性，于1983年建成。

由于赶时间，我们来到该桥的下游，沿着一个人行桥走到一个位于河中、类似饭店的建筑上。虽然我们所处的桥西面夕阳余光依然灿烂，可光渡大桥背景面却是雾气很浓，没能拍到好照片。然而，关渡大桥依然不失它在我心中美好的形象，为我下次再去台北留下了极好的理由。

实际上，台北还有许多桥梁，由于时间关系不能一一参观，如跨越双溪、景美溪、磺溪等的桥梁。看完关渡大桥，我们沿着淡水河往市区赶路，沿路见到一些跨越淡水河的桥梁，虽然由于河流宽些，桥梁以交通功能为主，不像市区中跨越基隆河桥梁那样追求美观，但也看得出来，工程师们在设计这些以交通功能为主的桥梁时，在不太增加造价的前提下，还是对桥梁造型做了认真的考虑，也取得了较好的效果。

附近的人行桥

河中饭店与关渡桥

关渡大桥全景

▶关渡大桥

▶跨越淡水河的一些大桥

当天晚上,金门大学林世强老师等连同营建研究院等台湾的朋友,专门为我举行了晚宴。一张大桌子,二十余人,专门宴请我一个客人,金门大学的几位老师特意从金门来到台北,真是令我感动。

晚饭后,朋友们邀我去一家叫作"加州阳光"的酒吧玩。它不是特别的大,我们去的时候人也不多,要了一些酒,在那里聊天。在这里,还可以唱歌,类似于卡拉OK,但没有电视,是用钢琴伴唱,歌本上只有歌词,你点好后,乐师会与你简单地沟通一下什么地方是过门,怎么使用歌本。由于乐师可以根据你唱的节奏来调节音乐,因此即使你唱得跑调,听起来也还是蛮不错的。那里的歌很少有大陆的,所以我会唱的不多,但我突然想起一首名叫《冬季到台北来看雨》的歌,心想今天终于来到台北了,虽然天气晴朗,可是来到了这地方,唱起来也应该感觉不错。可是,找了半天,居然没有这首歌。问乐师,说不知道有这首歌,问几位朋友,也没有人知道有这么一首歌。真是奇了怪了。当然,这不影响我们的玩兴,只是从酒吧出来时,突然发现天气已变,有了一些小雨,于是又想起刚才找不到的那首歌,那首孟庭苇唱的《冬季到台北来看雨》。怎么在大陆那么流行的歌,台湾当地居民居然不知道呢?

冬季到台北来看雨
别在异乡哭泣
冬季到台北来看雨
梦是唯一心灵
轻轻回来不吵醒往事
就当我从来不曾远离
如果相逢把我藏心底
没有人比我更懂你
天还是天,哦,雨还是雨
我的伞下不再有你
我还是我,哦,你还是你
只是多了一个冬季。

（四）

　　结束了在台北两天的参观，12月11日，我们代表团坐旅游大巴从台北出发，赴宜兰后经亚洲最长的12.9公里的雪山隧道，经苏花公路（清水断崖、苏澳冷泉），沿台湾东海岸从北往南一路参观访问，其中在花莲和台东各住宿了一个晚上。由于台湾东海岸地势较陡，河流短促、不宽，在参观太鲁阁和知本森林游乐区时见到几座跨越山涧小河的桥梁。

太鲁阁宁安吊桥

太鲁阁长春桥

太鲁阁斜腿刚构桥

知本森林游乐区乐林桥

▶台湾东部山区的部分桥梁

　　从北往南，气温越来越高，到了台湾南部，气候相当于福州的秋天了。台湾的东部沿海依山伴海，风光旖旎，只是长途旅程，大家审美疲劳，部分路段更是山高路险，七弯八拐，身体也疲劳，因此大部分人在车上养精蓄锐，导游小弟也进入休息状态，居然漏过了一个重要的景点，那就是三仙台。一部分人说错过了就算了，另一部分人想第二天返回去。我是想返回去的少数人之一，但不是因为那个景点，是因为那里有一座据说比较漂亮的人行桥。之后的路途上，我在大巴上感觉到左前方有一座有特色的桥，抓拍了一张照

片，约略可以一窥她的倩影，可终归效果不佳。后来，台湾世曦顾问公司的张获薇总经理送了一本该公司制作的 2010 年台湾桥梁挂历给我，其中，9 月份的配图就是三仙台人行桥，一看果然漂亮。

三仙台是一个小岛，在台东县。三仙台人行桥连接该岛至台湾本岛，共八跨，全长 320m，人直接行走于拱背上，共有 311 个台阶。八个拱跨呈波浪状，宛如民间的舞龙，为美丽的小岛旅游胜地增添了新的景观。错过果然可惜。

抓拍的照片

月历上的照片

▶三仙台跨海人行桥

12 月 14 日，我们结束了东海岸的参观，随后横穿台湾岛的南端到西海岸后由台南往台北行进，经停高雄、南投，到达台中后坐高铁回到台北。台湾的西海岸，地势较东海岸平坦了许多，所见的高架桥居多。沿途经过的城市中，桥梁比较多的是台南市。

▶台南市的几座桥

第三部分/十八　冬季到台北来看桥

一座城市有河是幸运的，河不必大，有水就行，有灵气；桥也不必大，便利就行，有人气。说实在的，桥梁何必去追求奇异，毕竟它是以功能为主的结构，不是雕塑，不是艺术品，结构合理、协调美观就好，这应该容易做到，设计者用点心就行。

在台湾西南部，印象最深的是高雄的一座人行桥——情侣桥。

这是一座全钢的人行桥，采用的是近些年较为流行的拱肋外倾的蝴蝶拱，不过该桥外倾的角度不大，拱的矢跨比很小，加上拱顶盖有帆布装饰，不像其他蝴蝶拱那样过于张扬其外倾的个性。全桥涂以白色，使原本轻巧的钢结构显得更为轻巧，与岸边扶手、河里游船的白色相协调，显得更为内敛、温和，与桥名也相匹配。白天的景色已够美了，夜晚在景灯的照射下，一定会更加浪漫。在该桥上牵手，成功率应该很高吧。

这座桥是在往高雄港、西子湾、打狗英国领事馆的路上的看到的。我在大家还在山上的打狗英国领事馆不急不慢地浏览时，提早下山叫了辆计程车去的。因为怕计程车司机等得不耐烦，也怕大家找不到我，所以急匆匆地拍了照片就往回赶，没有闲情逸致在桥上慢慢欣赏。只是当大家都坐到大巴上继续旅程时，我拿出相机回看着刚刚拍到的照片，独自偷着乐。

▶高雄的情侣桥

当然沿途还见了一些桥，有公路的，也有铁路的；有拱桥，也有部分斜拉桥，还有 V 形刚构，基本上都是一晃而过（如下各图）。

▶东部沿海所见的一些桥

12 月 17 日，我们在台中结束了大巴的行程，坐高铁返回台北。在台中的高铁站边上，有一座钢桁架桥，趁着上车前的一段时间，过去拍了几张照片。该桥名为筏子溪桥，为三跨下承式钢桁架，跨径组合为（150 + 120 + 100）m。

▶高速铁路筏子溪桥

（五）

自12月12日离开台北到12月17日傍晚回到台北，一路上都是晴天或多云，可回到台北时发现台北依然在下雨。晚上住宿在圆山饭店，是本次行程中住过的最高级的宾馆。从宽阔的阳台可以望见雨雾中的台北市区和附近的大直桥。

▶圆山饭店

大直桥于2002年建成，全长245m，跨径布置为（50＋172＋23）m 主塔为钢箱结构，高67m，为前倾状，顶部为曲线结构，背索以自锚式锚碇在桥台锚座上，索以空间布置。主梁为钢箱梁，宽28～40m，结构造型似钓鱼杆。12月10日那天曾从该桥附近经过，由于赶时间没有停下来拍照参观，心想等回到台北时再看，可惜天公不作美，只能见到雨雾中朦胧的身影。好在金门大学的高志瀚老师送我一本台湾桥梁的邮册，内中有一张该桥的邮票，借以一睹芳容。这使我想起在一本桥梁画册上看到的一句话有了更深的体会：一张好照片不仅需要充足的旅行时间，而且还要有足够的敏感性，而不是仅仅依靠等待，等待雾气散去。

▶台北大直桥

读桥

在此之后的第二天,我们便将要离开台湾。至此,此次台湾走马观花的桥梁参观历程就要画上句号了。总的来说,台湾山多、水多,但河流较短也不宽,没有很大的桥梁,但各种各样的桥型都有,且感觉设计都很用心。同时钢桥数量较多,造型方面也都比较讲究。实际上,台湾的桥梁历史并不长,2009年在福州召开的第二届全国古桥会议上,我们请了台湾世曦顾问公司的张荻薇总经理等同行,从他们的介绍可知,台湾最早有记载的桥梁始于1874年沈葆桢建设北中南三路道路时。此后随经济的发展建设了大量的桥梁,其技术受日本与美国的影响较大。同时由于地震、山洪、台风等自然灾害频繁,桥梁抗灾减灾的技术也相当发达,有许多值得我们学习与借鉴的地方。

12月18日,我们就要离开台湾了,当晚曹先生等朋友又请我去"加州阳光"。天空中依然下着雨,歌本上依然找不到那首歌。不过不唱也罢,反正我不是来看雨的,而是来看桥的,来看朋友的,来看美丽的宝岛的。我当然不会在这异乡哭泣,却因为带着梦一般的心灵,多了一个记忆,一个美好的记忆,一个特殊的记忆。

12月19日到达香港时,新闻上说台湾发生了地震,震级不是很大。由于离台湾近,那里有地震时,我们在福建家中经常会有震感,见怪不怪。可是这一次不同,我马上拨通了曹先生的电话,听到没有什么事,安下心来。这时,孟庭苇的歌又在耳边响起,只是歌词有了些变化:

> 冬季到台北来看桥,
> 别再他处停留;
> 冬季到台北来看桥,
> 梦幻与现实交织;
> 轻轻来过已成为往事
> 从此我再也不远离
> 是否相逢都把你藏心底
> 没有人比我更懂你
> 友还是友,哦,桥还是桥

　　　　我的心里离不开你
　　　我还是我，哦，你还是你
　　　　只是多了一个冬季
　　　　　　……
　　　　　多了一个冬季
　　　　　多了一个冬季
　　多了一个冬季到台北来看桥、来看朋友的记忆

后记：2009 年的访问之后，由于工作忙，一直没有时间将所看所感写下来。2012 年的春节，又到了冬季，又勾起"冬季到台北来看桥"的回忆，恰好又有了些时间，遂将三年前的感受写下来。后以《冬季到台湾来看桥》为题刊于 2013 年第 1 期的《桥梁》杂志上，本次又作了些修改。

十九 安溪侨乡,飘着茶香的桥乡

(一)引 言

安溪县位于福建省东南沿海,金三角(包括厦门、漳州、泉州)西北部,隶属于泉州市。全县总面积 3057.28km²,辖 24 个乡镇,460 个村居,人口 100 多万,有汉、畲等多个民族。安溪历史悠久,五代后周显德二年(公元 955 年)置县,并以境内溪水清澈之意,命名为清溪县。宋宣和三年(公元 1121 年),改清溪县为安溪县,之后历代沿袭。该县的青阳下草埔冶铁遗址是世界文化遗产——"泉州:宋元中国的世界海洋商贸中心"22 个遗产点之一。

安溪是著名的侨乡和台胞祖籍地,旅居海外的安溪籍华侨、华人 80 多万人,有 200 多万台胞的祖籍在安溪。

安溪地处戴云山脉东南坡,西北高、东南低。境内多山,海拔千米以上的山峰 140 座,大多分布在西北部,最高山峰太华尖海拔 1600m。以五阆山、跌死虎山为界,西部称内安溪,东部称外安溪。外安溪地势较低,平均海拔 300~400m,以低山、丘陵串珠状河谷盆地为主;内安溪地势较为高峻,以山地为主。属亚热带湿润气候区,外安溪夏季长且炎热,冬季短而无严寒,年均气温 19~20℃,年降雨量 1600mm;内安溪年均气温 16~18℃,年降雨量 180mm 以上,无霜期约 260 天,秋冷较早,春来较迟。

安溪特殊的地理条件和种茶制茶传统,使其成为举世闻名的"中国乌龙茶(名茶)之乡"。安溪是名茶铁观音、黄金桂的发源地,全县现有茶园面积 50 万亩,年产茶叶 5.2 万 t,产值 57 亿元,此外拥有全国最大的茶叶批发市场——中国茶都。安溪茶品高质优,独具一格,驰名中外,畅销全国各地及世界 100 多个国家和地区。

安溪境内的主要河流为晋江上游的西溪（又名蓝溪），发源于桃舟、棠棣和永春一都，由此流向东南，经南安汇入晋江，境内流程105km，西部的福前、白荇溪和举溪等，流程较短，自西北向西南注入九龙江。为了方便交通，安溪境内从古至今，修建了众多的桥梁，梁桥、拱桥、悬索桥，形式多样，古桥、今桥交相辉映。这些桥在今天看来，虽然规模与跨径都不是很大，但其中不乏一些颇具特色的桥梁，在福建的桥梁史上具有相当的意义，也称得上福建的桥乡。

（二）历史的辉煌

安溪古桥中最有名的当属瑞云桥。它坐落于安溪蓝田乡进德村溪水口，始建于南宋度宗咸淳元年（公元1265年），是宋朝安溪境内8座桥梁之一，也是该县仅有的石墩木梁廊桥。1985年，该桥被列为县级文物保护单位。

瑞云桥长14.7m，宽5.1m，桥上建有长廊式盖屋，重檐屋顶，廊内进深3间6m，设有行人通道与座椅，廊外两侧各建有两层两披。该桥屡修屡毁，最近的两次修建是明代崇祯三年（1630年）和2008年。

▶瑞云桥

安溪县城位于"外安溪"东部，晋江上游支流西溪婉延而过，安溪县城在河流北岸，为半岛状。西溪在县城处平均宽度为200～

300m，严重阻碍了县城向南发展。

20世纪50年代以前，县城无一桥梁，靠渡船维系两岸交通。1952年曾在西门修一木桥，但屡建屡毁。1962年兴建永久性西门大桥，于1963年8月建成交付使用，结束了安溪县城西溪上无桥梁的历史。20世纪60年代，普通钢筋混凝土结构在我国尚属先进技术，安溪的西门大桥就采用了这一技术，并有所突破。大桥桥面净宽为净7.0m+2×10（m），上部为8孔净跨25m（跨径27.7m）的钢筋混凝土装配式T型梁，下部为片石混凝土重力式墩台，悬臂式墩帽，椭圆形沉井桥墩基础，明挖桥台基础。桥梁全长235.55m。该桥在福建省桥梁发展史上占有重要的地位，在全国也有一定的影响，被人民交通出版社于1980年出版的《中华人民共和国公路桥梁画册》收录。福建省主要的施工单位福建省公路一公司在该桥建成后就驻地安溪。几十年过去了，桥头两岸的道路都成了街道，原桥不能满足交通需要，因此近年对其进行了加宽，在其旁边并排加建了一座新桥。

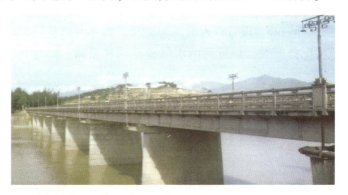

▶西门大桥

（三）繁花似锦的凤城桥梁

改革开放以来，安溪社会经济各项事业迅速发展。1982年，为适应城市经济发展的需要，在旧县城的南门开工修建了南门大桥，又称龙津大桥（如下图），于1986年建成。

1982年开始修建南门大桥时，我国双曲拱桥发展已进入后期,该桥借鉴了大量双曲拱桥的经验,对基础、桥梁整体性均进行了技术处理,克服了早期修建此类桥梁裂缝多、整体性差的缺点。至今,该桥使用状况良好。龙津大桥长251m,为5孔净跨40m双曲拱,由于该桥所处位置地质复杂,基础分别采用明挖扩大基础、沉井、钻孔桩。上部构造为缆索吊装施工。

▶南门大桥

为配合县城沿河向上下游扩展,即东城区和西城区的建设,1993年和1994年,安溪先后建成了颖如大桥和清溪大桥。两座大桥都采用了现代的预应力技术和钻孔桩技术,工程造价较为经济。两桥均为净 $-9+2\times1.5$(m)桥宽,颖如大桥为9孔35m预应力混凝土T梁,双柱式墩,$\phi150cm$钻孔桩基础;埋置式桥台。清溪大桥为$3\times35m$预应力混凝土T梁$+8\times20$(m)钢筋混凝土T梁,双柱式墩,$\phi150cm$和$\phi120cm$钻孔桩基础,重力式台。

▶清溪大桥

读桥

随着306省道的改建和县城继续沿河岸向东扩展，1995年，在县城的东头又建设了铭选大桥，作为城市的东大门。铭选大桥修建时，安溪县城已解决了基本的交通问题，且城区发展到了一定规模，因此对建筑的美观、对环境的影响提出较高的要求。为此，进行了设计方案招标，将美观与技术先进性作为重要指标，从独塔斜拉桥、预应力混凝土箱梁桥、钢筋混凝土拱桥、钢管混凝土拱桥等方案中，选中福州大学的钢管混凝土拱桥方案。钢管混凝土拱桥结构具有轻质高强、跨越能力大、施工简便、造价经济、造型美观等优点。铭选大桥修建之时，对于这种结构的研究和建造在我国刚刚起步。

铭选大桥采用3跨结构。中跨为净跨90m的钢管混凝土中承式肋拱，桥面净宽为净－9m＋2×1.5m人行道，设计荷载为汽－20，挂－100，2根拱肋，每根由2×ϕ800mm、壁厚10mm的钢管组成高1.9m的哑铃形截面，内灌C30混凝土，两边孔为净跨48m的钢筋混凝土肋拱，上承式，钢筋混凝土空心墩，组合式桥台，桩基或扩大基础。大桥建成后进行了静载试验，于1995年7月建成通车。大桥采用上、中承式结合，大小孔搭配，边孔采用小孔上承，桥上或沿江侧视视野均很开阔，中孔处于江中，采用大孔中承，既有边孔的衬托而宏伟壮观，又跨越水深流急的主河槽，显得合理。车行桥上，有出入门户的感觉，整个桥梁造型符合与周围的环境协调、主从与对称、均衡与稳定等桥梁美学原理，建筑造型极佳。

▶铭选大桥建成时

铭选大桥建成之后，为解决西门桥与南门桥拥挤状况，特别是解决旧城区和新城区铭选医院、新车站的人流交通问题，在两桥之间架设了凤城悬索桥。此时，县城桥梁建设在经济的前提下，注重技术先进性和美学效果，成为了建设单位的自觉意识，又由于是人行桥，在造型和结构的选择上具有更大的自由度，因此，该桥的建设方案最终确定为悬索桥。

梁、拱、吊是桥梁的三大基本形式，凤城悬索桥（如下图）修建之前，安溪县已有三梁二拱五座桥，在河流弯曲、两岸变化、沿河设市的山区县城，根据不同的周围环境选择风格各异的桥型，不仅不会有平原城市桥型多样时杂乱的感觉，而且还会收到处处新奇变化的美学效果。采用悬索结构不仅是从城市规划方面的考虑，从桥梁结构本身看，悬索桥也具有很强的跨越能力，在承载轻量交通时，具有很大的经济性，因此在山区和城市人行桥中修建甚多，仅福建省就有南平九峰山、泰宁金湖、福州江心岛等十余座，安溪凤城索桥就属于城市人行桥。

凤城索桥三跨（67 + 150 + 67）m，主跨垂跨比 1/8，钢混凝土门式桥墩，钻孔桩群桩基础，重力式锚锭台，大桥于 1996 年 2 月建成。

在桥梁美学方面，凤城索桥以美国的金门大桥造型为蓝本：高耸挺拔的桥塔，柔美有力的主索，轻盈如带的桥面，协调鲜明的色彩为美丽的安溪县城（凤城）又添新姿，成为城市又一道景观。

在技术方面，该桥主索各为 7 根 61 丝 $\phi 5mm$ 平行钢丝束，工厂编束。过去，在轻型悬索桥中，主索均采用钢丝绳，钢丝绳在钢丝加工成绳的过程中强度损失大，受拉时非弹性变形也大，弹模低，且施工费时费工。凤城悬索桥在轻型索桥中首次采用了平行钢丝束，使用 PWS 法加工，克服了上述普通钢丝绳的缺点。其二，该桥采用了钢筋混凝土肋板式桥面系。

轻型悬索桥桥面系过去常用型钢横梁或浅加劲钢筋混凝土桁架上架设混凝土桥面板的结构，前者自重小，刚度小，桥梁整体刚度差。后者自重大，桥梁整体刚度好，但由于自重的增加，缆索材料也随着增加,造价较高且节点易开裂。安溪凤城索桥则采用了钢筋混凝土肋板式桥面系,既增加了自重,提高了桥梁重力刚度,但自重又不增加太多,缆索材料增加不多,且肋板式钢筋混凝土桥面较型钢混凝土桥面经济,因而整体上较上述两种桥面更经济。

▶ 凤城索桥

至此,安溪县城沿西溪两岸的发展规模大至界定,继续发展相当困难,于是考虑在同美修通兰溪大桥,使西溪支流的兰溪两岸联接起来,作为城市发展的备用地。兰溪大桥共5孔,两边各2孔的25m预应力空心板,中孔80m的下承式钢管混凝土系杆拱。

刚架系杆拱是在钢管混凝土拱桥中出现的新桥型。与拱梁组合体系不同,刚架系杆拱中拱肋与桥墩固结,不设支座,采用预应力钢绞线作为拉杆来平衡拱的推力,拉杆独立于桥道系之外,不参与桥道系受力,而桥道系为局部受力构件不参与结构整体受力。这种结构由于拱和墩连接处为刚结点,属刚架结构,又带有系杆,故称之为刚架系杆拱。

刚架系杆拱为超静定结构,桥梁上部、下部以及基础甚至地基连成一体,结构的超静定次数较高,受力复杂。由于其系杆刚度与拱梁组合体系中的系梁刚度相比小很多,特别对于大跨径桥梁,系杆拉力增量将产生很大的变形,而拱肋、系杆和墩柱固结在一起，根据位移变形协调条件，拱的水平推力的增量主要由桥墩和拱肋自身承受，因而考虑系杆变形后它是有推力的结构。系杆的作用是对拱施加预应力以抵消拱的大部分水平推力（主要是恒载产生的水平推力），因此通常把系杆看成预应力体外索。除去系杆承受的水平推力后，余下的拱的水平推力一般不大，还可以通过适当的超张拉使该水平推力最大限度地减小，从这个角度考虑，可以将其看成无推力拱。

下承式刚架系杆拱是一种自平衡的桥梁，与连续梁、连续刚构和斜拉桥相比，它无需副跨，又能有较大的跨越能力，因此在跨越铁路、公路和运河桥中，具有很强的竞争力。河南安阳文峰路立交桥、锡宜高速跨京沪铁路大桥、济南东站立交桥、深圳北站大桥等均选用了这种桥型。

安溪兰溪大桥是福建省第一座下承式钢管混凝土系杆拱桥，无论在桥梁技术还是造型上均有新的突破。

▶兰溪大桥

安溪县城凤城是沿河狭长地带建设的小城，需要靠众多的桥梁将两岸紧密地联结起来。从五十年代的西门大桥开始，安溪建设了众多的桥梁，除了上述的公路与城市桥梁外，还有铁路桥梁。流经县城的西溪虽然河面不宽，没有大跨、大型的桥梁，但在桥梁建设中还是紧跟桥梁技术的发展，采用当时先进的桥梁技术，出现了几种在福建省桥梁发展史上具有重要意义的桥梁结构。同

时，根据不同时期经济发展与城市建设的要求，从开始采用梁桥满足交通需要为主，到后面采用拱和悬索结构，增加美学方面的考虑，且以结构功能为先导，在人行桥中采用较大的跨径，既美观、又不过分增加造价。加之西溪流经凤城时弯弯曲曲，根据不同的周围环境选择风格各异的桥型，不仅不会有平原城市桥型多样时杂乱的感觉，而且还会收到处处新奇变化的美学效果。

（四）尾　声

安溪是乌龙茶的故乡，也是名茶铁观音的发祥地，座座大桥为茶叶生产与流通做出了积极贡献，座座大桥上也都可闻到茶叶的芳香。

安溪又是著名的侨乡，许多桥梁都铭刻着安溪海外乡亲亲情和爱情的故事，如颖如大桥和铭选大桥均是由华侨捐建的。

颖如大桥是1991年由旅外乡贤李陆大先生以其子振羽、女儿鸣羽、华羽名义捐资300万元建设。振羽兄妹为报其母慈恩，以其先慈"颖如"为桥名。铭选大桥由旅外侨亲钟江海、钟明辉兄弟捐资800万元建设，钟氏兄弟为纪念其先父钟铭选，取名"铭选"大桥。

据不完全统计，近半个世纪来，华侨和港澳台同胞在故乡安溪共捐建桥梁近140座。

安溪，是著名的侨乡，也是飘着茶香的桥乡。

后记：改革开放后，我们参与多座安溪桥梁的设计，如颖如大桥、铭选大桥、清溪大桥、凤城大桥、兰溪大桥等，桥型有梁桥、拱桥和悬索桥等。此文作于2009年，此后，安溪县的交通事业又有了很大发展，虽文中未能反映，但安溪县城桥梁的总体格局并无大的变化。

二十 福州大学校园的拱桥文化

（一）引　言

福州大学是国家重点大学之一，是福建省最重要的综合性大学之一，学科设置以工科为主，包括理科、经济、管理、文科、法律、艺术和设计等学科。土木工程是其最重要的工科之一，其中，对拱桥的研究和应用在国内外知名。

福州大学主校区为旗山校区，位于闽江西侧，旗山东北面。在校园地势平坦的南面，有一座海拔62m的长安山，四周围绕着多个由水系连起的湖泊。福州大学校园内的5座拱桥分布位置如下图所示。

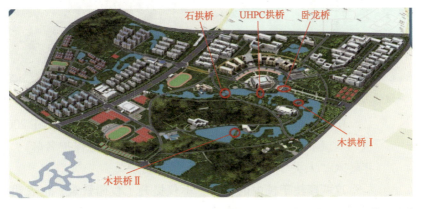

▶福州大学校区示意图及5座拱桥分布

（二）木　拱　桥

中国木拱桥主拱是一种独一无二的编木拱结构，由两个纵向多边形拱和横梁穿插编织而成，构成巧妙，加工量小，施工方便。根据史料记载，中国第一座木拱桥的建成可以追溯到1032年到

1033年，张择端著名的画作《清明上河图》中的木拱桥就是代表。福建和浙江现存一百多座木拱桥在使用之中。

中国木拱桥的研究和保护是当今中国古桥和文化遗产领域的热门课题。文物工作者和建筑师对其建筑历史、美学、社会功能、文化价值等都进行了大量的研究。福州大学则从桥梁工程的角度出发，在国家自然科学基金（项目编号 51408129）的资助下，对桥梁的主要结构性能和原理、施工技术进行了研究。

作为研究成果的组成部分，在福州大学校园内修建了两座木拱桥，一座位于从行政楼到图书馆的路上，另一座位于从行政楼到风景大道的路上。两桥具有相同的结构，由7根三折边拱和8根四边形拱及其横梁穿插编织而成。

▶福州大学校园木拱桥

中国木拱桥传统营造技艺通过师徒传承保留下来，在2009年被列入《联合国教科文组织非物质文化遗产紧急保护名单》，2024年转入"人类非物质文化遗产代表作名录"。

这两座建于校内的桥梁，不仅提升了校园景观，也表明现代桥梁技术有助于文化遗产的保护。同时，它们还为宣传我国的文化遗产，帮助学生理解结构原理提供了实例。

（三）石 拱 桥

石拱桥在中国有着悠久的历史。许多历史悠久的拱桥经历了上千年，至今仍在使用，其中一些在世界上非常有名，如赵州桥、卢沟桥等。在古代石拱桥中可以发现丰富的结构类型和细节，不同地点，不时变化。在福建省，古石拱桥有其特殊的技术。例如，永定高陂桥始建于1477年，1775年改建，跨径20m，拱圈厚仅60cm，是我国典型的薄圈石拱桥。

▶福建永定高陂桥

在中国，石拱桥不仅在古代修建，而且这一结构在20世纪50~70年代仍被广泛采用。此后，它们还被应用于丘陵或山区，如本文作者在20世纪90年代设计的两座石拱桥。

在福州大学，有一座三跨的石拱桥，位于从学生素质拓展中心到校行政楼的路上。这是一座空腹式拱桥，桥宽10.56m，主拱净跨12m，拱高2.5m，两侧跨径8m，拱高1.6m，是五座拱桥中唯一一座车行桥。

▶福州大学校内石拱桥

(四) UHPC 人行桥

UHPC 人行桥位于校行政南楼前的两个湖的堤坝上。它是一座跨度只有 10m 的小桥,主拱采用抗压强度达到 130MPa 的超高性能混凝土 (UHPC),因此拱圈仅 10cm,形成了结构厚度与跨径比仅为 1/100 的轻型结构。

UHPC 的概念首次是由 Larrard 等人在 1994 年提出的。自 20 世纪 90 年代末以来,我国开始了 UHPC 的研究和应用。福州大学作为该领域的主要研究高校之一,自 2000 年以来开展研究工作,并致力于其在拱桥中的应用。2013 年在国家自然科学基金重点项目"超高性能混凝土制备与工程应用基础研究"资助下,对 UHPC 应用地方材料的制备,基本材料性能,梁、柱、拱等结构的计算方法和有限元分析方法进行研究,对跨度分别为 160m、420m 和 600m 的 UHPC 拱桥进行了试设计。2015 年完成设计并负责科研,建成了中国第一座 UHPC 公路桥。

众所周知,拱桥主要受压,而混凝土抗压强度高,所以混凝土是拱桥的理想建筑材料。然而,随着跨度的增大,混凝土拱由于自重的增加,施工难度和造价上升明显。到目前为止,对于大跨度混凝土拱桥来说,材料性能仍是越高越好,故 UHPC 有望在拱桥中得到越来越多的应用。但是其作为一种新型材料,在实际工程中很难马上用于大跨度桥梁中,需要循序渐进,福州大学这座小跨径的 UHPC 拱桥,为工程技术人员提供了经验,为修建大跨径拱桥奠定基础。

该桥拱高 2.5m,矢跨比为 1/4。拱轴线为半径 625m 的圆弧,桥宽为 2.1m,侧墙、桥台及基础均采用普通混凝土结构。

选择曲线优美的主体结构和木质护栏是该桥的两个建筑特征,与岸边的绿树、湖泊以及附近的亭台楼阁建筑相融合。该桥的桥型采用了中国古代石拱桥的圆弧段,但又比石拱桥薄得多,体现了现代建筑风格以及先进的材料和结构技术。

远景

近景

▶福州大学校区内 UHPC 拱桥

（五）钢管混凝土拱桥

　　钢管混凝土拱桥——卧龙桥位于福州大学校园景观大道上。景观大道位于校园的中心轴线，连接着校园主门和图书馆，北侧为绿地，南侧为湿地。大道宽 36m，中间为花坛和绿地，是 2013 年为了庆祝建校 55 周年而修建的。两侧各有一条宽 6.7m 的人行道，根据大道的交通功能设计了两座结构相同的分离式桥。桥下需要 3m 以上的净空以供船只通行。该桥施工场地位于低洼平坦的地面上，道路与水面的高差只有 1.5m。因此，拱桥结构是该桥的合理解决方案。考虑到施工现场的自然条件，设计桥梁跨度为 25m，稍短于天然水面，采用主跨为 25m 的中承式桥。主体结构为钢管混凝土拱肋，采用拉索来平衡拱的水平推力。

　　近二十年来，采用索力来平衡拱推力是软基中钢管混凝土拱的一种通用解决方案，福州大学校园内的人行桥采用拉杆作为桥面的支撑结构，与悬带桥一样，边跨退化为桥台的一部分，且仅有一跨，而不是三跨。基于这些变化，卧龙桥的结构具有与 Jiri Strasky 教授提出的悬带拱桥相似的特点。在悬带拱桥中，来自悬带的拉力与来自桥台拱的推力平衡，形成自锚体系。

　　桥梁作为校园景观大道的核心结构，应具有良好的景观效果，体现高校年轻人生气勃勃这一特点。该桥的外侧斜拱肋似比翼双飞的蝴蝶，又似两只充满力量与智慧的卧龙，寓意年青人的美好爱情和福大校园是人才辈出的高等学府。这座景观人行天桥以钢管为主要材料，涂以蓝色油漆，与校园的主建筑——图书馆相匹配，形成现代建筑群，相嵌于日暑与景观大道的中国传统建筑之中，使现代与传统交融于一体，形成完美的组合。

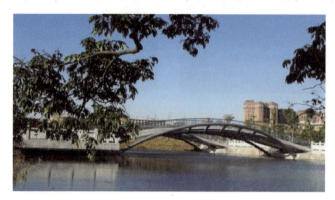

▶福州大学校园内钢管混凝土拱桥——卧龙桥

（六）其 他

近二十年来，钢管混凝土拱桥作为福州大学桥梁工程学科中一个主攻方向，取得了一系列科研成果，为建立设计计算理论体系，编制规范做出重要的贡献，并发表了系列论文，出版了系列著作，将研究成果应用于实际工程中，包括主持设计和咨询了众多大型钢管混凝土拱桥。卧龙桥和土木工程学院正大门前的车棚结构，都采用了钢管混凝土结构，是通过校园建筑反映科研成果的实例。

▶福州大学校内钢管混凝土车棚

土木工程学院实验室周围建立了模型园，对一些试验模型进行展示，可为学生了解结构受力特性提供直观模型，又可供学术交流和参观，也是一道独特的校园景观。在模型园中，有许多经过测试的拱结构模型，也充分展示了福州大学在拱桥研究与应用中的优势与特色。

钢管混凝土桁拱　　　波形钢腹板钢管混凝土拱　　　钢管混凝土单管管拱

波形钢腹板钢筋混凝土拱　　　钢腹杆钢筋混凝土拱　　　UHPC拱

▶福州大学校园内的一些拱结构模型

（七）结　语

拱桥是桥梁的主要类型之一，从古至今，在人类社会的交通中发挥着重要的作用。毋庸置疑，拱桥美观、实用、易懂、富有表现力。拱桥往往能丰富周边景观，有些能成为当地的象征，甚至成为当地文化的重要表征和组成部分。福州大学校园内的拱桥注重景观，努力反映我国，特别是福建省的拱桥文化遗产和技术进步，成为校园文化的重要组成部分。

后记：本文是2016年第八届国际拱桥大会的论文"Arch Bridges in Campus Culture of Fuzhou University, China《中国福州大学校园拱桥文化》"的译文，该大会以"Arch Bridges in Culture（文化中的拱桥）"为主题。本次对译文作了部分修改，并删除了与《迷失在威尼斯》一文中重复的图片。